Anonymous

Bonner Universität-Kalender Sommer-Semester 1896

Anonymous

Bonner Universität-Kalender Sommer-Semester 1896

ISBN/EAN: 9783743612990

Hergestellt in Europa, USA, Kanada, Australien, Japan

Cover: Foto ©ninafisch / pixelio.de

Manufactured and distributed by brebook publishing software
(www.brebook.com)

Anonymous

Bonner Universität-Kalender Sommer-Semester 1896

Bonner

Universitäts-Kalender

Sommer-Semester 1896.

Herausgegeben

von

Friedrich Cohen

Buchhandlung und Antiquariat

Bonn, Am Hof 22.

Mit einem Plan des Universitätsgebäudes.

Bonn 1896.

Universitäts-Buchdruckerei von Carl Georgi in Bonn.

Inhalt.

Vorwort.

Die ungemein günstige Aufnahme, die der von mir herausgegebene **Bonner Universitäts-Kalender** gefunden, ist mir ein erfreulicher Beweis dafür gewesen, dass durch Herausgabe desselben einem thatsächlichen Bedürfnis abgeholfen worden ist. In der Hoffnung, dass er sich wirklich **als praktischer Wegweiser für die Herren Studierenden** erwiesen hat, wage ich es mit einer zweiten wesentlich verbesserten und vermehrten Ausgabe an die Öffentlichkeit zu treten.

Mängel und Unrichtigkeiten, wie sie bei einer ersten Herausgabe wohl unvermeidlich und verzeihlich sind, wurden in der zweiten Ausgabe beseitigt und ich spreche an dieser Stelle den Herren, die mir mit Ratschlägen und Berichtigungen bei der Verbesserung des Kalenders behülflich gewesen sind, nochmals meinen besten Dank aus mit der höflichen Bitte, mir auch fernerhin Verbesserungsvorschläge und Mitteilungen etwa im Laufe des Semesters eintretender Veränderungen zugehen zu lassen.

So mag das Büchlein seine zweite Wanderung antreten und sich immer mehr als ein unentbehrlicher Freund und Berater der akademischen Welt Bonns erweisen.

Bonn im April 1896.

Friedrich Cohen,
Buchhändler.

April.	Mai.	Juni.	Juli.	August.	September.
M 1 Hugo	F 1 Phil. Jak.	M 1 Simeon	F 1 Rumold	M 1 Petri K.	D 1 Aegidius
D 2 Gründonn.	S 2 Athanasius	D 2 Erasmus	S 2 Mar. Hms.	D 2 9. n. Trin.	M 2 Raphael
F 3 Charfreitag	S 3 4.Cantate	M 3 Clothild	S 3 Hvac.	M 3 Steph. Erf.	D 3 Mansuetus
S 4 Isidorus	M 4 Fronln.	D 4 Fronln.	M 4 Ulrich	D 4 Dominicus	F 4 Rosalia
S 5 Hl Osterf.	D 5 Pius V.	F 5 Bonifacius	D 5 5.n. Trin.	F 5 Mar.Schnee	S 5 Herculan
M 6 Ostermt.	M 6 Joh. v. d. Pf.	S 6 Norbertus	M 6 Jessias	S 6 Verkl. Chr.	S 6 14. n. Tr.
D 7 Hermann	D 7 Stanislaus	S 7 1. n. Trin.	D 7 Willibald	S 7 Gottschalk	M 7 Regina
M 8 Dionysius	F 8 Mich. Ersch	M 8 Medardus	F 8 Kilian	M 8 Cyriacus	D 8 Mar.Geburt
D 9 Maria Cl.	S 9 Greg. Naz.	D 9 Felic. u. Pr.	S 9 Agilulf	D 9 10. n. Tr.	M 9 Audomar
F 10 Ezechiel	S 10 5. Rogate	M 10 Maurinus	S 10 6.n.Trin.	M 10 Laur.	D 10 Nik. v. Tol.
S 11 Leo der Gr.	M 11 Beatrix	D 11 Barnab.	M 11 Pius	D 11 Herrmann	F 11 Protus
S 12 1. Quasim.	D 12 Pankr.	F 12 Basilid.	D 12 Heinrich	F 12 Clara	S 12 Winand
M 13 Mar.v.C.	M 13 Servat.	S 13 Ant. v. Pad.	M 13 Margareth.	S 13 Hippolytus	S 13 15. n. Trin
D 14 Tiburt.	D 14 Himm. Chr.	S 14 2. n. Trin.	D 14 Bonavent.	S 14 Eusebius	M 14 Kr.-Erh.
M 15 Olympiad.	F 15 Sophie	M 15 Vitus	F 15 Ap. Theil.	M 15 M.Himm	D 15 Ludm.
D 16 Drogo	S 16 Joh. v. Nep.	D 16 Benno	S 16 Scapulirf.	D 16 11. n. Tr.	M 16 Quatemb.
F 17 Rudolf	S 17 6. Exaudi	M 17 Adolf	S 17 Alexius	M 17 Sibylla	D 17 Lambertus
S 18 Eleuther.	M 18 Liborius	D 18 Mrc.u.M.	M 18 Arnold	D 18 Helena	F 18 Richard
S 19 2. Mis. Dom.	D 19 Potentiana	F 19 Gerv. u. Pr.	D 19 7. n. Trin.	F 19 Sebald	S 19 Mikleta
M 20 Victor	M 20 Basilla	S 20 Silverius	M 20 Elias	S 20 Bernhard	S 20 16. n. Trin.
D 21 Anselm	D 21 Constan.	S 21 3. n. Trin.	D 21 Daniel	S 21 Anastasius	M 21 Mth. Ev
M 22 Sot. u. Cajus	F 22 Julia	M 22 Albinus	F 22 Maria Mgd.	M 22 Timotheus	D 22 Moritz
D 23 Georg	S 23 Desider.	D 23 Walram	S 23 Apollinaris	D 23 12. n. Tr.	M 23 Thekla
F 24 Albert	S 24 Pfingstn.	M 24 Joh.d.Tfuf.	S 24 Christin.	M 24 Barthol.	D 24 Joh. Empf.
S 25 Markus Ev.	M 25 Hl. Pfingstf.	D 25 Eulogius	M 25 Jakobus	D 25 Ludwig	F 25 Cleophas
S 26 3. Jubilate	D 26 Phil Neri	F 26 Pelagius	D 26 8. n. Trin.	F 26 Samuel	S 26 Cyprianus
M 27 Anast.	M 27 Quatemb.	S 27 7 Schläfer	M 27 Pantaleon	S 27 Joseph Cal.	S 27 17. n. Trin.
D 28 Vitalis	D 28 Wilhelm	S 28 4. n. Trin.	D 28 Innocenz	S 28 Augustinus	M 28 Wenzesl.
M 29 Petrus M.	F 29 Maximus	M 29 Pet. u. Paul	F 29 Martha	M 29 Joh.Enthpt.	D 29 Michaelis
D 30 Kathar.v.S.	S 30 Felix	D 30 Pauli Ged.	S 30 Abdon	D 30 13. n. Tr.	D 30 Hieron.
	S 31 Trinitatis		S 31 Ign. Loyola	M 31 Paulinus	

Stunden-Einteilung.

Stunde	Montag	Dienstag	Mittwoch	Donnerstag	Freitag	Samstag
7—8						
8—9						
9—10						
10—11						
11—12						
12—1						
1—2						
2—3						
3—4						
4—5						
5—6						
6—7						
7—8						

Notiz-Kalender.

Notiz-Kalender.

Notiz-Kalender.

Notiz-Kalender.

Notiz-Kalender.

Notiz-Kalender.

Notiz-Kalender.

Notiz-Kalender.

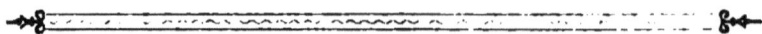

Notiz-Kalender.

Universitäts-Behörden.

Kurator: Excellenz Dr. *von Rottenburg*, Wirkl. Geheimer Rat.

Rector magnificus: Prof. Dr. *Ritter*, Geh. Reg.-Rat.

Decane: Kath.-theol. Facultät: Prof. Dr. *Rappenhöner*.
Evang.-theol. Facultät: Prof. Dr. *Kamphausen*.
Jurist. Facultät: Prof. Dr. *Hüffer*.
Medicin. Facultät: Prof. Dr. *Koester*.
Philosoph. Facultät: Prof. Dr. *Loescheke*.

Universitäts-Richter: Amtsgerichtsrat *Riefenstahl*.

Sprechstunden des Rector u. Richter Mittags 12 Uhr in ihrem Amtszimmer.

Der akademische Senat besteht: aus dem Rector, dem Prorector (Prof. Dr. *Nissen*), dem Universitäts-Richter. den 5 Decanen und den gewählten Senatoren:

Prof. Dr. *Reusch*.
„ „ *Zitelmann*.
„ „ *Ludwig*.
„ „ *Schultze*.

Beginn des Sommer-Semesters 1896: 16. April.

Das Univ.-Secretariat ist geöffnet tägl. v. 10—1 u. 4—6 Uhr mit Ausnahme d. Sonn- u. Feiertage.

Die Univ.-Kasse geöffnet tägl. v. 9—1 Uhr mit Ausnahme d. Sonn- u. Feiertage.

Vorlesungs-Verzeichnis für das Sommer-Semester 1896.

Abkürzungen: PO = ordentl. Prof.; PE = ausserordentl. Prof.; D = Privatdocent.

Mo = Montag; Di = Dienstag; Mi = Mittwoch; Do = Donnerstag: Fr = Freitag; Sa = Samstag.

pr. = privatim; pg. = privatissime et gratis; pu. = publice et gratis.

K = Kliniken, I = Institut, S = Seminarlokal.

1

2 Vorlesungs-Verzeichnis.

Die Auditorien befinden sich:

I—VIII zu ebener Erde.
X—XIV im ersten Stock.
XV—XVII zu ebener Erde im Durchgang links v. d. Treppe.
Siehe auch hinten den Plan des Universitätsgebäudes.

Katholische Theologie.

Reusch, PO: Bibl. Hermeneutik, Mi, Sa 11 in II pu.; Genesis, Mo, Di, Do, Fr 11 in II pr.
Langen, PO: Kirchengeschichte I. Teil, Mo, Di, Mi, Do, Fr 12 in II pr.; Moraltheologie, Mo, Mi, Fr 11 in II pr.; Ausgewählte Stellen der Evangelien, Sa 12 in II pu.
Kaulen, PO: Allgemeine Einleitung in das Alte Testament, Mo, Do 4 in XII pu.; Genesis, Mo, Di, Do, Fr 12 in XII pr.
Kellner, PO: Pastoraltheologie I. Theil, Mo, Di, Do 11 in XII pr.
Schrörs, PO: Kirchengeschichte des christlichen Altertums, tägl. 9 in XII pr.
Kirschkamp, PO: Moraltheologie II. Teil, Mo, Di, Mi, Do, Fr 10 in XII pr.
Rappenhöner, PO: Dogmatische Theologie II. Teil, tägl. 8 in XII pr.
Felten, PO: Einleitung in das Neue Testament, Mo, Di, Mi, Do 10 pr.; Erster Brief an die Korinther, Mi, Fr, Sa 11 in XII pr.
Fechtrup, PE: Patrologie und Patristik, Mo, Di, Do 3 in XII pr.; Encyklopädie der kath. Theologie, Mi, Sa 12 in XII pu.
Englert, PE: Christliche Apologetik, Mo, Di, Do, Fr 11 pr.; Philosophisch-theologische Principien der Metaphysik nach Aristoteles und Thomas von Aquin, Mi, Sa 11 pr.;

Übungen des *Königl. kath.-theologischen Seminars* pg.:

Alttestamentliche Abteilung, Mi, Sa 12: *Kaulen*, PO.
Neutestamentliche Abteilung, Mo 4—6: *Felten*, PO.
Kirchengeschichtliche Abteilung, Do 5—7: *Schrörs*, PO.
Dogmatische Abteilung, Di 5—7: *Rappenhöner*, PO.

Moraltheologische Abteilung Di 4—6: *Kirschkamp*, PO.
Katechetisch-homiletisches Seminar, Mo 5, Fr 12: *Kellner*, PO.

* * *

Englert, PE: Göthes Faust, eine Apologie des Christentums, Di, Fr 4 pu.

Evangelische Theologie.

Krafft, PO: Kirchengeschichte I. Teil (bis zu Karl dem Grossen), Mo bis Fr 10 pr.; Neutestamentliche Zeitgeschichte, Sa 9—11 pu.

Kamphausen, PO: Jesaja, Mo bis Fr 8 in VI pr.

Sieffert, PO: Dogmatik I. Teil, Mo, Di, Do, Fr 9 in VII pr.; Calvins Leben, Mi 9 in VI pu.

Grafe, PO: Römerbrief, Mo, Di, Do, Fr 11 in VI pr.; Bergpredigt und ausgewählte Gleichnissreden Jesu, Mi, Sa 11 in VI pr.

Sachsse, PO: Homiletik, Seelsorge, Innere Mission, Mo, Di, Do, Fr 10 pr.; Pädagogik, Mi, Sa 10 pr.

Sell, PO: Kirchengeschichte II. Teil (bis zur Reformation), Mo, Di, Do, Fr 10 in VII pr.; Neuere Missionsgeschichte, Mo, Do 12 in VII pr.

Goebel, PO: Biblische Theologie des Neuen Testaments, Mo, Di, Do, Fr 12 pr.; Zweiter Korintherbrief (exegetische Gesellschaft), Do 6—8 pg.; Erster Petrusbrief, Di, Fr 11 in VII pr.

Meinhold, PE: Hebräische Übungen für Anfänger, Mo, Do 12 pr.; Cursorische Lektüre des Samuelbuchs, Mi 10 pu.; Genesis, Mo, Di, Do, Fr 8 pr.

Ritschl, PE: Symbolik, Mo, Di, Do, Fr 9 in VI pr.; Die psychologischen Probleme in der Theologie, Sa 8 in VI pu.

Bratke, PE: Einleitung ins Neue Testament, Mo bis Fr 4 (oder nach Vereinbarung) in V pr.; Kirchengeschichte III. Teil (bis zur Gegenwart), Mo bis Fr 10 pr.; Geschichte der altchristl. Kunst, Sa 12 in I pu.

Meyer, D: Neutestamentliche Textgeschichte, Mi 12 pu.; Geschichte des apostolischen Zeitalters, Sa 9—11 pr.

Simons, Prof., D: Praktische Theologie I. Teil (Grundlegung u. Liturgik, einschliesslich Gemeinde-Gottesdienst), Mo,

Di, Do, Fr 10 in II pr.; Evangelische Kirche und soziale Frage, Di, Fr 12 in I pr.; Homiletische Vorübungen, Mi 10 in II pn.

Übungen des *Königl. theologischen Seminars* 6—8 pg.:
Alttestamentliche Abteilung, Di in VI: *Kamphausen*, PO.
Neutestamentliche Abteilung, Mo: *Grafe*, PO.
Kirchengeschichtliche Abteilung, Di: *Sell*, PO.
Dogmengeschichtliche Abteilung, Do: *Ritschl*, PE.
Systematische Abteilung, Fr: *Sieffert*, PO.

Übungen des *Königl. praktisch-theolog. Seminars* pg.:
Katechetische Abteilung, Mo 3 -5 } *Sachsse*, PO.
Homiletische Abteilung, Mi 5 -7 }

Rechtswissenschaft.

ron Schulte, PO: Deutsches Privatrecht, mit steter Berücksichtigung des Entw. e. bürg. Gesetzb. für das deutsche Reich, Mo bis Fr 9 in X pr.; Deutsches eheliches Güterrecht Sa 9 in XI pu.

Krüger, PO: Römische Rechtsgeschichte, Mo bis Fr 10 in XI pr.; Pandekten II. Teil (Obligationenrecht) unter Berücksichtigung des Entwurfes eines bürgerlichen Gesetzbuches, Mo, Di, Do, Fr 11 in V pr.; Pandekten III. Teil (Erbrecht) unter Berücksichtigung des Entwurfes eines bürgerlichen Gesetzbuches, Mi, Sa 11—1 in V pr.

Seuffert, PO: Civilprozess, Mo bis Fr 8 in X pr.; Strafprozess, Mo bis Fr 9 in XI pr.; Deutsche Gerichtsverfassung, Sa 8—10 in X pu.

Hüffer, PO: Völkerrecht, Mo, Di, Do, Fr 12 in X pr.; Kirchliches Vermögensrecht mit besonderer Rücksicht auf die Verhältnisse am linken Rheinufer, Di, Do 5 in II pu.

Loersch, PO: Deutsche Rechtsgeschichte, Mo bis Fr 9 in XIII pr.; Rheinisches Civilrecht, Mo bis Fr 10 in XIII pr.

Zitelmann, PO: Institutionen des römischen Rechts, Mo bis

Fr 11 in XI pr.; Pandektenexegetikum, Mo, Mi 5—7 in XI pr.

Baron, PO: Encyklopädie und Methodologie des Rechts, Mo, Di, Do, Fr 12 in XIV pr.; Pandekten III. Teil (Römisches Erbrecht) mit Berücksichtigung des Entwurfs eines bürgerlichen Gesetzbuchs Mo, Di, Do, Fr 10 in X pr.; Römisches Familienrecht, Mi 10 in X pu.; Entwurf des bürgerlichen Gesetzbuches für das deutsche Reich, Mo, Di, Do, Fr 11 in X pr.

Bergbohm, PO: Preussisches Verfassungs- und Verwaltungsrecht, Mo bis Fr 10 in I pr.; Geschichte der Staatsromane, Mi 11 in X pu.; Kirchenrecht, Mo, Di, Do, Fr 11 in XIV pr.

Landsberg, PE: Pandekten I (allgemeiner Teil und Sachenrecht) unter Berücksichtigung des Entwurfs eines bürgerlichen Gesetzbuchs, Mo bis Sa 12 in XIII pr.; Ausgewählte Kapitel aus den Pandekten Sa 11 in XIII pu : Deutsches Strafrecht, Mo bis Fr 11 in XIII pr.

Hübner, PE: Handels- und Seerecht, Mo bis Fr 8 in XVI pr.; Wechselrecht, Sa 11 in XVI pu.; Entstehungsgeschichte des bürgerlichen Gesetzbuchs für das deutsche Reich, Sa 10 in XVI pu.

Pflüger, Prof., D: Übungen für Anfänger, Sa 8—10 in V pr.

Im juristischen Seminar:

Krüger, PO: Seminar-Übungen über Gai Instutiones, Di 5—7 in V.

Loersch, PO: Deutschrechtliche Übungen, Do 6 im S.

Zitelmann, PO: Übungen am Entwurf eines bürgerlichen Gesetzbuchs für das deutsche Reich (nur für Fortgeschrittnere), Sa 8—10 im S.

Bergbohm, PO: Besprechung praktischer Fälle aus dem internationalen Privat- und Strafrecht, Fr 5—7 im S. pr.

Heilkunde.

a) Anatomie

Frhr. *von la Valette St. George*, PO: Allgemeine Anatomie. Di, Do, Sa 8 pr.; Mikroskopische Demonstrationen u. Übungen, Di, Do, Sa 9 pr.; Mikroskopischer Curs

für Geübtere, Mo, Mi, Fr 8 pr.; Anatomisches Laboratorium, tägl. 9—1 pu. mit Prof. *Nussbaum* und
Prof. *Schiefferdecker.*

Nussbaum, PE: Topographische Anatomie, Mo, Di, Mi 5 pr.

Schiefferdecker, PE: Knochen- und Bänderlehre, Mo, Mi,
Fr 9 pr.

b) Physiologie:

Pflüger, PO: Allgemeine Physiologie und der speziellen Physiologie I. d. h. animaler Teil, Mo bis Fr 9 pr.; Cursus
der physiologischen Chemie, Di, Fr 2—4 pr.

Kochs, D: Über die Darwin'sche Theorie, von der Abstam-
mung und Entwickelung des Menschen, 1 st. pu.

Thomsen, D: Anatomie und Physiologie von Gehirn und
Rückenmark mit besonderer Berücksichtigung der klinischen Gesichtspunkte, Sa 5 pu.

Bleibtreu, D: Ausgewählte Kapitel der physiologischen Me-
thodik, 1 st. pr.

c) Pathologische Anatomie:

Koester, PO: Allgemeine Pathologie, Mo, Di, Do, Fr 8, Mi
5 pr.; Demonstrativer Curs der pathologischen Anatomie, Mo, Do 4—6, mit Sectionsübungen je nach Material pr.; Mikroskopischer Curs der pathologischen
Anatomie, Mi, Sa 7—9 pr.; Pathologisches Laboratorium, tägl. pu. mit Dr. *Jores.*

Jores, D: Über Infectionskrankheiten, Do 6 pu.; Curs zur
Einleitung in die pathologische Histologie, Di 4—6 pr.

d) Hygiene.

Finkler, PO: Hygienisches Laboratorium, tägl. pu.; Hygienisches Colloquium, Di 4 pu.

Ungar, PE: Über Schutzimpfungen, 1 st. pu.; Impfcurs,
Mi, Sa 5 pr.

Kruse, D: Hygienische Untersuchungsmethoden, 1—2 st. pu.;
Bakteriologie, 1 st. pr.; Praktischer Curs der Bakteriologie, 3 st. pr.; Bakteriologisches Laboratorium, tägl. pg.

e) Pharmakologie:

Binz, PO: Arzneimittellehre (Hälfte), mit Mineralquellen-

lehre und Receptirkunde, Mo bis Do 3 pr.; Pharmakologisches Laboratorium, tägl. pu.
Geppert, Prof., D: Pharmakologisches Colloquium, 1 st. pr.

f) Innere Medizin:

Schultze, PO: Spezielle Pathologie und Therapie der Krankheiten des Respirations- und Circulations-Apparates,
Di, Do 12 pr.; Specielle Pathologie und Therapie der
Nierenkrankheiten, Fr 12 pu.
Fuchs, PE: Diagnostik der wichtigsten Nervenkrankheiten
in mnemotechnischer Behandlung mit electrodiagnosti-
schen Übungen, 2 st. pr.
Ungar, PE: Über Kinderkrankheiten, mit klinischen Demon-
strationen, Di, Fr 2 pr.
Leo, PE: Über die Krankheiten des Magens, 1 st. pu.; Curs
der chemischen und mikroskopischen Diagnostik, Sa
9—11 pr. mit Dr. *Schmidt*; Curs der Laryngoskopie,
Di, Fr 4 pr.
Burger, D: Krankheiten des Halses und der Nase, ausge-
wählte Kapitel, Mi 2 pu.; Curs der Laryngoskopie und
Rhinoskopie, Di, Fr 12 pr.
Bohland, D: Curs der physikalischen Diagnostik, Mo, Di,
Do 4, Mi, Fr 12, Mo, Fr 6 pr.; Allgemeine klinische
Pathologie, Sa 12 pu.
Schmidt, D: Curs der Nervenkrankheiten, Mo, Do 2 pr.

g) Chirurgie:

Schede, PO: Ausgewählte Kapitel aus der speciellen Chirurgie, Fr 6 pu.; Chirurgischer Operationscurs, tägl.
6—8 Morgens, ev. Mi, Sa 6—8 Abends pr. mit Dr.
Rieder.
von Mosengeil, PE: Verbandcurs, Mo, Do 2 pr.; Ausgewählte Kapitel der chirurgischen Therapie (Heilgym-
nastik) und Massage, Do 3.
Witzel, PE: Chirurgische Diagnostik mit Kranken-Vorstel-
lungen, Sa 9—10½ pr.; Über Verletzungen mit Rücksicht auf das Unfall-Versicher.-Gesetz, 1 st. pu. mit
Prof. *Fuchs.*
Rieder, D: Chirurgische Krankheiten der Knochen und Ge-
lenke, Mi, Fr 4 pr.

h) Ophthalmologie, Ohrenheilkunde, Dermatologie:

Sämisch, PO: Über die inneren Erkrankungen des Auges mit pathologisch-anatomischen Demonstrationen, Do 2 pu.; Augenspiegelcurs, Mi 2—4 pr.; Diagnostischer Curs der Funktionsstörungen des Auges, Do 8 pr.

Peters, D: Über die Verletzungen des Sehorgans mit Demonstrationen unter spezieller Berücksichtigung der Unfallversicherung, Fr 4 pu.

Walb, PE: Über die Erkrankungen der Nase und des Rachens, Di 5 pu.

Doutrelepont, PO: Über Syphilis, Do 4 pu.

Wolters, D: Pathologie und Therapie der Gonorrhoe, 1 st. pu.

i) Zahnheilkunde:

Boennecken, D: Die Erkrankungen der Zähne und des Mundes, Mo, Do 5 pr.; Curs der operativen Zahnheilkunde mit besonderer Berücksichtigung der Erhaltung erkrankter Zähne durch die Füllung, tägl. 3—5 pr.

k) Gynäkologie:

Fritsch, PO: Über das normale und pathologische Wochenbett und Puerperalfieber, Mi 7 pu.; Geburtshülflicher Operationscurs, Mo, Di, Do, Fr 7 pr.

Kocks, Prof., D: Synopsis der Frauenkrankheiten, 1 st. pu.

Krukenberg, Prof., D: Physiologie und Pathologie der Schwangerschaft, Mi 5 pu.; Geburtshülflicher Operationscurs, 2 st. pr.

Pletzer, D: Frauenkrankheiten, 2 st. pr.; Repetitorium der praktischen Geburtshülfe, Fr 3 pu.

l) Psychiatrie und gerichtliche Medicin:

Pelman, PO: Gerichtliche Psychiatrie für Mediziner und Juristen, Mi 3 pu.

Ungar, PE: Gerichtliche Medizin, 2 st. pr.

Schultze, D: Diagnostik der Geisteskrankheiten, Mo 4 pu.

m) Praktika in den Kliniken.

Medizinische Klinik, tägl. $10^3/_4$—12 pr.: *Schultze*, PO.

Medizinische Poliklinik, Mi, Sa 4 pr.: *Leo*, PE.

Chirurgische Klinik und Poliklinik, Mo bis Fr 9—$10^3/_4$ pr.: *Schede*, PO.

Augenärztliche Klinik, Mo, Di, Fr 8 pr.: *Sämisch*, PO.
Geburtshülflich-gynäkologische Klinik und Poliklinik Mo, Di,
    Do, Fr 12 pr.: *Fritsch*, PO.
Psychiatrische Klinik, Mo, Do 3 pr.: *Pelman*, PO.
Klinik und Poliklinik der syphilitischen und Hautkrankheiten,
    Mi, Sa 12 pr.: *Doutrelepont*, PO.
Ohrenpoliklinik, Mi, Sa 2 pu.: *Walb*, PE.
Zahnärztliche Poliklinik, tägl. 12 pu.: *Boennecken*, D.

Philosophie.

Meyer, PO: Kants Philosophie und ihr Einfluss auf Kunst,
    Wissenschaft und Leben, Mi, Sa 9 in I pu.
Neuhaeuser, PO: Logik, Mo bis Fr 8 in XI pr.; Die höch-
    sten Principien der Pädagogik, Sa 8 in XI pu.
Bender, PO: Sozialethik, Di, Do 9 in XIV pr.; Geschichte
    der neueren Philosophie, Di, Do, Fr 8 in XIV pr.:
    Philosophische Gesellschaft (H. Spencers principles of
    ethics), Mi. 8—10 in XIV pu.
Elter, PO: Philosophisches Colloquium (über Trendelenburg,
    Logische Untersuchungen), Mi 9 in V pu.
Martius, PE: Psychologie (allgemeiner und specieller Teil),
    Mo, Di, Do, Fr 12 im phys. I pr.; Experimentelle
    psychologische Arbeiten: a. für Fortgeschrittene (tägl.),
    b. für Anfänger (2 st.), im psychol. Laboratorium pu.
Wolff, Prof., D: Psychologie, 4 st. in XVI pr.; Colloquium über
    Descartes „Meditationes" 1 st. in XVI pu.

Philologie.

a) Sprachwissenschaft, orientalische und slavische
Philologie:

Trautmann, PO: Allgemeine Lautwissenschaft (Phonetik)
    mit besonderer Berücksichtigung d. Deutschen, Eng-
    lischen und Französischen, Di, Fr 4 pr.
Jacobi, PO: Indogermanische Declination, Mi, Sa 8 in VIII pr.;
    Elementar-Cursus des Sanskrit, Mo, Di, Do, Fr 8 in
    VIII pr.; Kālidāsas Raghuvaṁśa, 2 st. in XVII pu.
Prym, PO: Anfangsgründe des Arabischen, Di, Do, Fr 3 in

VIII pr.; Erklärung der Maqâmen Hariris, Mo, Mi 3,
Fr 4 in VIII pr.; Syrische Schriftsteller, Di 4 in VIII pu.
Nix, D: Aethiopische Grammatik für Anfänger, Di, Fr 5 in
XVII pr.; Erklärung assyrischer Texte, Di, Fr 4 in
XVII pr.

Im orientalischen Seminar:

Jacobi, PO: Indische Schriftsteller nach Bedürfnis, 2 st. in
XVIII pg.
Prym, PO: Arabische Schriftsteller nach Bedürfnis, Mo, Do 4
in VIII pg.
Wiedemann, PE: Sitten und Gebräuche der alten Aegypter,
Fr 11 im Kunstmus. pu.
Solmsen, D: Praktischer Cursus des Russischen, 3 st. pr.

b) Klassische Philologie:

Bücheler, PO: Persius' Satiren, Mo, Di, Do 11 im Kunst-
Mus. pr.; Epigraphische Übungen, Mi 11—1 im Kunst-
Mus. ev. Provinzial-Mus. pr.
Usener, PO: Aristophanes' Wespen, Di, Mi, Do, Fr 10 im
Kunst-Mus. pr.
Elter, PO: Attisches Staatswesen und Aristoteles Staat der
Athener, Di, Mi, Do 8 in V pr.
Klein, PE: Ausgewählte Kapitel der griechischen Syntax,
Mo 10 in V pu.
Brinkmann, D: Geschichte der politischen und socialen
Theorien des Alterthums, Mi, Sa 9 im geogr. Inst. pr.;
Philologische Übungen im Anschluss an die Vorlesung,
1 st. im S. pu.
Solmsen, D: Lektüre der wichtigsten griechischen Dialekt-
inschriften, 2 st. pu.

Im philologischen Seminar:

I. Abteilung: *Usener*, PO: Lucanus B. VII, Di 6—8 im S.
Elter, PO: Arbeiten und Disputationen über Thukydides,
Fr 6—8 im S.

II. Abteilung: *Bücheler*, PO: Aeschylus' Sieben g. Theben
und Senekas Briefe, Mi 6—8.
Brinkmann, D: Lateinische und griechische Stilübungen,
Mo 4—6 im S.

Loeschcke, PO: Geschichte der griechischen Kunst bis zum Ende des V. Jahrhunderts v. Chr., Mo, Di, Do, Fr 12 im Kunst-Mus. pr.; Archäologische Übungen, Mo 10 im Kunst-Mus. pu.

c) Germanische und romanische Philologie:

Wilmans, PO: Einführung in das Althochdeutsche, Mo, Di, Do 10 in XV pr.; Gudrun, Mo, Di, Do 9 in XV pr.

Trautmann, PO: Geschichtliche Grammatik der Englischen Sprache, Mo, Mi, Do 4 in I; Allgemeine Lautwissenschaft (Phonetik) mit besonderer Berücksichtigung des Deutschen, Englischen und Französischen, Di, Fr 4 in I (s. o.) pr.

Litzmann, PE: Schillers Dramen, für Hörer aller Fakultäten, Mi, Sa 8 in XV pr.

Franck, PE: Gotische Grammatik, Mi, Fr, Sa 9 in XV.

Berger, D: Geschichte der deutschen Lyrik von den ältesten Zeiten bis auf die Gegenwart, Di, Fr 12 in XV pr.

Förster, Lector: Erklärung ausgewählter englischer Gedichte aus dem 19. Jahrh., Di, Do 5 in VIII pr.

Foerster, PO: Französische Metrik, Di, Do 12 in VIII pr.; Kristians von Troyes, Erec und Enide mit einer Einleitung (Geschichte der französischen höfischen Heldendichtung), Di, Mi, Do 11 in VIII pr.; Einführung in die französische Philologie, Mi 12 in VIII pr.

Gaufinez, Lector: L'Evolution du roman français au XIX⁰ Siècle, Mo 11 in VIII pr.

Germanistisches Seminar: *Wilmanns* PO: Mi 5—7 im S. pr.
Kgl. germanistisches Seminar: *Litzmann*, PE: Abtheilung f. d. n. Litteraturgeschichte (Goethe 1771 bis 1775), Sa 11—1.
Uebungen des germanistischen Proseminars: *Frank* PE: Mi 5—7 in XV.
Litterarhistorische Gesellschaft: *Litzmann* PE: Di 6—8 im S. pr.

Im Englischen Seminar:

I. Abt.: *Trautmann*, PO: Alexander Pope, Mo 5—7 in I.
II. Abt.: *Förster*, Lector: Neuenglische Uebungen a. für weniger Geübte, Mo, Fr 5, b. für Geübte, Mo, Sa 12 in VIII (für ordtl. Mitgl. gr.)

Im Seminar für romanische Philologie:

I. Abt.: *Foerster*, PO: Garniers Bradamante und Bérangers
Lieder, Fr 11 bis 12½ im S.

II. Abt.: *Gaufinez*, Lector: Neufranzösische Sprech- und
Schreibübungen mit Anschauungsunterricht, 1) für weniger Geübte (für die ordentl. Mitglieder pg.), Mo,
Fr 10 in VIII. 2) für Fortgeschrittenere (für die
ordentl. Mitglieder pg.), Di, Sa 10 in VIII.

Geschichte und geschichtliche Hülfswissenschaften.

Nissen, PO: Geschichte der römischen Kaiserzeit, 4 st. Mo,
Di, Do, Fr im Kunstmus. pr.

Menzel, PO: Diplomatik, insbesondere der Königs- und
Kaiserurkunden, Di, Fr 3 im geogr. I pr.

Ritter, PO: Geschichte der deutschen Kaiserzeit (bis 1250).
Mo, Di, Do, Fr 5 in XV pr.

Gothein, PO: Culturgeschichte Italiens im 19. Jahrh., Mi. 4
in VI pu.

Wiedemann, PE: Geschichte des Orients bis auf Alexander
den Grossen, Mi, Sa 9 im Kunstmus. pr.

Meister, D: Deutsche Geschichte im Mittelalter von Anfang
d. Interregnums an, Mo, Do 4 in XV pr.; Entwicklung
der Kaiserprophetie und Kaisersage bis zur Wieder-
geburt des deutschen Kaiserreiches, Sa 11 in XI pu.

Im historischen Seminar:

Nissen, PO: Römische Urkunden nach Bruns Fontes iuris.
2 st. Mo 6—8 im S.

Ritter, PO: Cursus deutscher Geschichtsquellen des 6. bis
9. Jahrhunderts, Fr 6—8 im S.

Menzel, PO: Ausgewählte Urkunden zur Geschichte des
13. Jahrhunderts, Sa 11—1 im S. pg.

Menzel, PO: Paläographische Uebungen, Mo, Do, 3 im S.

Geographie.

Rein, PO: Oceanographie Mo, Do 7 im geogr. I pr.; Geographie Nordeuropas, Di, Mi, Fr. 7 im geogr. I pr.

Reinhertz, PE: Geograph. Kartenprojektionslehre Di 4.
Philippson, D: Geographie der Rheinlande, Di, Fr 4 im
geogr. I pr.
Geographisches Seminar: *Rein*, PO: Do 6—8 im geogr. I.

Kunstgeschichte.

Justi, PO: Geschichte der italienischen Malerei, Di, Mi, Do,
Fr 12, im Cab. f. neuere Kunst pr; Kunsthistorische
Uebungen, Di 6 im Cab. für neuere Kunst pu.
Clemen, D: Geschichte der italienischen Malerei vom Ende
des 15. Jahrhunderts an, Do, Fr 4; Geschichte der
Kunst in den Rheinlanden Sa 12; Praktische Uebungen
im Aufnehmen von Gebäuden und im Photographiren.

Staats- und Cameralwissenschaften.

Gothein, PO: Allgemeine Volkswirtschaftslehre, Mo, Di, Do,
Fr 4 in IV pr; Staatswissenschaftliches Seminar, Di
4—6 in IV pu.
Dietzel, PO: Finanzwissenschaft, Mo, Di, Mi, Do 10 in
XIV pr.; Staatswissenschaftliches Seminar, Di 6—8
im S. pg.

Mathematik und Astronomie.

Lipschitz, PO: Elemente der Differential- und Integral-
rechnung, Mo, Di, Do, Fr 11 in IV pr.; Uebungen
im mathematischen Seminar, Mi, Sa 11 im S. pu.
Kortum, PO: Elemente der analytischen Geometrie, Di, Fr
9—11 in IV pr.; Uebungen im mathematischen Seminar, Mi 9—11 in IV pu.
Study, PE: Einleitung in die Analysis und Determinanten,
Di, Mi, Do, Fr 7 in VIII pr; Ausgewählte Gegenstände
der Geometrie, für Geübtere, 2 st. pg. in VIII pu.
Küstner, PO: Sphärische Astronomie, zweiter Theil, und In-
strumentenkunde, Di, Do, Fr 10 im astr. I pr.; Astro-
nomisches Colloquium betreffend Ephemeriden und
Sternverzeichnisse, Mi 10 im astr. I; Uebungen im
astronomischen Beobachten, tägl. im astr. I.

Deichmüller, Prof., D: Astronomische Zeitmessung u. Untersuchung d. Chronometergänge, Sa 11—1 im astr. I pr.;
Beobachtung und Berechnung der Kometen, Mo 12
im astr. I pu.

Mönnichmeyer, D: Allgemeine Störungen in der Bewegung
der Himmelskörper, Di, Do, Fr 11 im astr. I pr.

Naturwissenschaften.

a) Physik:

Kayser, PO: Experimentalphysik, II. Teil (Elektrizität, Optik); Mo, Di, Do, Fr, Sa 12 im phys. I pr.; Physikalisches Laboratorium für Anfänger, Mo, Do 3—7 im
phys. I pr.; Physikalisches Laboratorium für Vorge-
schrittene, tägl. 9—7 im phys. I pr.; Physikal. Colloquium, Di 6—8 im phys. I pu.

Lorberg, PE: Theoretische Optik, Mo, Di, Do, Fr 8 im
phys. I pr.; Elektrische Lichttheorie, Mi, Sa 8 im
phys. I.

b) Chemie:

Kekule von Stradonitz, PO: Experimentalchemie, I. Theil:
Chemie der Metalloide, Mo bis Fr 10 im chem. I pr;
Ausgewählte Kapitel der organischen Chemie, Fr 5
im chem. I pr.; Praktische Uebungen im chemischen
Laboratorium, tägl. 8—5 im chem. I pr. mit Prof. *An-
schütz* und Prof. *Partheil*.

Anschütz, PE: Praktische Uebungen im chem. Laboratorium
für Mediziner, Mo, Do. 5—7 im chem. I pr.; Organische Chemie, Di, Do, Fr 9 im chem. I pr.; Quanti-
tative Analyse, Sa 9 im chem. I pr.; Colloquium über
neuere Arbeiten auf dem Gebiete d. organ. Chemie,
Di 5 im chem. I pu.

Partheil, PE: Organisch-chemische Arzneimittel, Mo bis Do 8
im chem. I pr.; Toxikologische Analyse, Mo, Mi 9 im
chem. I pr.; Galenische Präparate, Fr 8 im chem. I pu.;
Technologie der menschlichen Nahrungs- und Genussmittel, Sa 9 im chem. I pr.; Praktische Uebungen in
der Untersuchung und Beurtheilung der menschlichen
Nahrungs- und Genussmittel, tägl. im chem. I pr.

Bredt, D: Ueber hydroaromatische Verbindungen und die Terpene, Mi 5 im chem. I.

Heusler, D: Colloquium über neuere Arbeiten aus dem Gebiete der technischen Chemie, Fr 6 im chem. I.

c) Geologie, Mineralogie und Paläontologie:

Laspeyres, PO: Selbständige Arbeiten im Gebiete der Mineralogie, Mineralchemie, und petrographischen Geologie, Mo bis Fr 9—1 im min. I pr.; Geognosie der vulkanischen Gesteine mit besonderer Berücksichtigung der Vulkane von Rheinland und Westfalen, Di, Mi 9 im min. I pr.; Allgemeine Krystallographie, Do, Fr 9 im min. I pr.; Geologische Excursionen und Anleitung zu geologischen Kartenaufnahmen in der Umgegend von Bonn, nach Vereinbarung Nachmittags pu.; Praktische Uebungen im mineralogischen Institute, Di, Fr 10—1 im min. I. pr.

Schlüter, PO: Geologie des nördlichen Deutschlands, anschliessend geologische Excursionen, Mo 10 im geol. I pu.; Versteinerungskunde, verbunden mit Uebungen im paläontologischen Museum, Di bis Sa im geol. I pr.; Leitung selbständiger Arbeiten im Gebiete der Paläontologie und Geologie, tägl. 8—1 im geol. I pu.

Pohlig, PE: Allgemeine Geologie, mit Demonstrationen und (Samstags Nachmittags) Ausflügen für Zuhörer aller Fakultäten, Mo, Di, Do, Fr im min. I pr.; Allgemeine Paläontologie (Versteinerungskunde) und Leitfossilien, Mo, Di, Do, Fr 6 im min. I pr.; Descendenzlehre mit Rücksicht auf Geologie (Erdgeschichte), für Hörer aller Fakultäten, Mi 5—7 oder zu anderen Stunden im min. I pr.; Geologische Excursionen, Sa Nachmittag alle 14 Tage pu.

Rauff, D: Einführung in die Formationslehre und Kenntnis der wichtigsten Leitfossilien, Mi, Sa 8 im geogr. I pu.

d) Botanik:

Strasburger, PO: Allgemeine Botanik, Mo bis Fr 11 im bot. I pr.; Botanisch-mikroskopische Uebungen, Di, Fr 3—5 im bot. I pr.; Colloquium über neuere Ar-

beiten auf dem Gebiete der Botanik, Mi 4 im bot. I pu;
Leitung selbständiger Arbeiten, tägl 8—5 im bot. I pr.
Schimper, Officinelle Pflanzen, Di, Fr 9 im bot. I pr.; Re-
petitorium der pharmaceutischen Botanik, Sa 11 im
bot. I pu.; Botanische Excursionen, Sa 2 im bot. I pu.
Schenck, D: Uebungen im Bestimmen der Pflanzen, Mo 4
im bot. I pr.
Noll, D: Interessante Pflanzen des botanischen Gartens mit
Demonstrationen im Garten, Do 6 im bot. I pu.; Syste-
matik der Phanerogamen, Sa 9 im bot. I pr.

e) Zoologie:

Ludwig. PO: Arbeiten im zoologischen und vergleichend-anato-
mischen Institut (für Geübtere), Mo bis Fr 8—5 im
zool. I pr.; Mikroskopische Uebungen (für Anfänger),
Di, Fr 8—10 (oder nach Vereinbarung) im zool. I pr.;
Colloquium über neuere Arbeiten auf dem Gebiete der
Zoologie und vergleichende Anatomie, Di 6 im zool. I
pu; Tierische Parasiten des Menschen, Mi 12 im I pr.;
Praktische Uebungen über tierische Parasiten des
Menschen, Sa 9—11 (ev. Mi 10—12) im zool. I pr.
Koenig, Prof., D: Ausgewählte Kapitel der Ornithologie,
Do 10 im zool. I pu.
Voigt, D: Uebungen im Bestimmen der Tiere, Fr 6 im I pr.
Strubell, D: Praktische Uebungen über Entwicklungsgeschichte
der Tiere, 2 mal 2 st. im zool. I pu.; Zoologische Ex-
cursionen in der Umgebung von Bonn, alle 14 Tage pu.

Künste und Fertigkeiten.

Wolff, Prof.: Harmonielehre, 1 st. im Musiksaal pu.; Geschichte
der Oper und des Oratoriums, 2 st. im Musiksaal pu.;
Unterricht im Orgelspiel, im Musiksaal pr.
Küppers, Prof.: Zeichnen und Modellieren nach der Natur
und Antike, Mi, Sa 2—4 im Inst. pr.; Griechische und
römische Gewandung, Porträtirung, Mi 3 im Inst. pu.
Ehrich, akademischer Fechtmeister, Fechtkunst pu.

Akademische Anstalten und Sammlungen.

Die Universitäts-Bibliothek (Coblenzer Thor), täglich von 2
bis 4 Uhr geöffnet.

Akademischer Leseverein (im Universitätsgebäude).

Akademische Turnhalle (im Universitätsgebäude).

Evangelisch-theologisches Stift (Weberstr. 46).

Anatomisches Institut (Meckenheimerstr. 156, Poppelsdorf).

Physiologisches Institut (Nussallee 172, Poppelsdorf).

Pathologisches Institut (Theaterstr.).

Pharmakologisches Institut (Wilhelmstr. 23).

Hygienisches Institut (Theaterstr.).

Medizinische Klinik und Poliklinik

Klinik und Poliklinik für Syphilis und Hautkrankheiten

Chirurgische Klinik und Poliklinik

Cabinet chirurgischer Instrumente und Bandagen

Frauenklinik (Klinik und Poliklinik für Geburtshülfe
und Frauenkrankheiten)

(Theaterstrasse).

Augen-Klinik und Poliklinik (im Universitätsgebäude).

Ohren-Poliklinik (im Universitätsgebäude).

Psychiatrische Klinik (Kölner Chaussee 140).

Sternwarte (Poppelsdorfer Allee 49).

Physikalisches Institut (im Universitätsgebäude).

Chemisches Institut | (Meckenheimerstr. 158,

Pharmaceutischer Apparat | Poppelsdorf).

Mineralogisches Institut und Museum (im Poppelsdorfer Schloss),
So 11—1, Mi 2—4 Uhr geöffnet.

Paläontologisches Institut und Museum (im Universitätsgebäude),
Mi 11—12 Uhr geöffnet.

Zoologisches und vergleichend-anatomisches Museum und Institut (im Poppelsdorfer Schloss), So 11—1, Mi 2—4 Uhr
geöffnet.

Botanisches Institut (im Poppelsdorfer Schloss).

Botanischer Garten (hinter dem Poppelsdorfer Schloss), Mo,
Mi, Fr von 2 Uhr ab geöffnet.

Geographischer Apparat (Convictstr. 3).

Akademisches Kunstmuseum (im Hofgarten), Mo, Mi, Fr 2 bis
4 Uhr geöffnet.

Cabinet für neuere Kunst (Convictstr. 3), Sa 11—1 Uhr geöffnet.

Museum rheinischer Alterthümer (im Provinzialmuseum, Colmantstr.), So, Mi 11—1 Uhr geöffnet.
Musikalischer Apparat (Musiksaal im Universitätsgebäude).
Zeichenapparat (Poppelsdorfer Allee 71).
Evangelisch-theologisches Seminar   \ (im Universi-
Evangelisch-homiletisch-katechetisches Seminar / tätsgebäude).
Katholisch-theologisches Seminar   \
Katholisch-homiletisch-katechetisches Seminar / (Convictstr. 3).
Juristisches Seminar (Franziskanerstr.).
Philologisches Seminar (Convictstr. 3).
Seminar für romanische und englische Philologie (am Hof).
Germanistisches Seminar (Franziskanerstr.).
Historisches Seminar (Convictstr. 3).
Staatswissenschaftliches Seminar (Convictstr. 3).
Mathematisches Seminar (Franziskanerstr.).

Verzeichnis der Vorlesungen
an der Königl. landwirtsch. Akademie zu Poppelsdorf
im Sommerhalbjahre 1896.

Einleitung in die landwirtschaftlichen Studien.
Allgemeine Viehzucht, 1 st.
Betriebslehre, 2 st.
Kulturtechnik, 2 st.
Kulturtechnisches Seminar, 1 st.
Landwirtschaftliches Seminar, 1 st.
Spezieller Pflanzenbau, 4 st. Prof. *Ramm.*
Milchwirtschaft, 1 st. Derselbe.
Allgemeiner Pflanzenbau, 2 st. Prof. *Wohltmann.*
Taxationslehre, 2 st. Derselbe.
Waldbau, 2 st. Forstmeister *Sprengel.*
Forstschutz, 1 st. Derselbe.
Obst- und Weinbau, 1 st. Garten-Inspektor *Beissner.*
Gemüsebau, 2 st. Derselbe.
Grundzüge der Chemie, 2 st. Prof. *Kreusler.*
Organische Experimental-Chemie, 4 st. Derselbe.

Chemisches Praktikum, Derselbe.
Landwirtschaftliche Botanik u. Pflanzenkrankheiten, 4 st. Prof.
 Körnicke.
Physiologische und mikroskop. Übungen, 4 st. Dr. *Schenck.*
Landwirtschaftliche Zoologie, 3 st. Prof. *Ludwig.*
Experimentelle Tierphysiologie, 2 st. Prof. *Hagemann.*
Tierphysiologisches Praktikum, Derselbe.
Geognosie, 2 st. Prof. *Laspeyres.*
Geognostische Exkursionen u. mineralogische Übungen, 2 st.
 Derselbe.
Experimental-Physik, 2 st. Prof. *Gieseler.*
Physikalisches Praktikum, Derselbe.
Erdbau, 2 st. Derselbe.
Landwirtschaftliche Maschinenkunde, 1 st. Derselbe.
Baumaterialienkunde und Baukonstruktionslehre, 1 st. Prof.
 Huppertz.
Baukonstruktionslehre, 2 st. Derselbe.
Bautechnische Übungen, 2 st. Derselbe.
Kulturtechnische Übungen, 2 st. Meliorations - Bauinspektor
 Künzel.
Tracieren, 2 st. Prof. *Koll.*
Methode der kleinsten Quadrate, 2 st. Derselbe.
Landmesskunde, 2 st. Derselbe.
Geodätische Übungen, Derselbe und Prof. *Reinhertz.*
Praktische Geometrie, 4 st. Prof. *Reinhertz.*
Praktische Geometrie für Landwirthe, 1 st. Derselbe.
Geodätisches Seminar, 4 st. Derselbe.
Analytische Geometrie, 3 st. Prof. *Veltmann.*
Trigonometrie u. darstellende Geometrie, 2 st. Derselbe.
Algebra und algebraische Analysis, 2 st. Derselbe.
Mathematische Übungen, 4 st. Derselbe.
Volkswirtschaftslehre, 3 st. Prof. *Gothein.*
Verwaltungsrecht, 3 st. Prof. *Schumacher.*
Landeskulturgesetzgebung, 1 st. Derselbe.
Fischzucht, 1 st. Prof. Frhr. *von la Valette St. George.*
Allgemeine Gesundheitspflege der Haustiere, 1 st. Depart.-
 Tierarzt *Schell.*
Akute und Seuchenkrankheiten der Haustiere, 3 st. Derselbe.
Theoretisch-praktischer Kursus für Bienenzucht, 2 st. Lehrer
 Weissweiler.

Erste Hülfeleistung bei plötzlichen Unglücksfällen, 1 st. Dr.
Rieder.

Ausserdem werden landwirtschaftliche Demonstrationen
und geognostische, botanische, land- und forstwirtschaftliche
Exkursionen abgehalten.

Alphabetisches Verzeichnis sämtlicher Docenten der Universität.

Prof. *Anschütz,* Argelanderstr. 12. Sprechstunde: 9—12,
chem. Inst.

Prof. *Aufrecht,* Colmantstr. 37.

Prof. *Baron,* Poppelsdorfer Allee 52. Spr. 2—3.

Prof. *Bender,* Königstr. 32. Spr.: Di, Do 2—3.

Prof. *Bergbohm,* Gluckstr. 8. Spr.: 9—10.

Dr. *Berger,* Weberstr. 6. Spr.: Mo, Do 12.

Prof. *Binz,* Kaiserstr. 4. Spr.: 4 Wilhelmstr. 23, ausser Sa.

Dr. *Bleibtreu,* Kurfürstenstr. 11. Spr.: 10—11 physiol. Inst.

Dr. *Boennecken,* Am Hof 22. Spr.: 12 chirurg. Poliklinik.

Dr. *Bohland,* Thomastr. 10. Spr.: 10—12 mediz. Klinik.

Prof. *Bratke,* Baumschul-Allee 39, vom 15. Mai 1896 an
Arndtstr. 23. Spr. 2—3.

Dr. *Bredt,* Chemisches Institut. Spr.: 9—12, 2—6 chem. Inst.

Dr. *Brinkmann,* Weberstr. 38. Spr.: 2—4 philol. Seminar.

Prof. *Buecheler,* Weberstr. 52. Spr.: 3.

Dr. *Burger,* Coblenzerstr. 45.

Dr. *Clemen,* Franziskanerstr. 8. Spr.: 12 in der Rosenstr.

Prof. *Deichmüller,* Coblenzerstr. 86. Spr.: 11—12 Sternwarte.

Prof. *Dietzel,* Hohenzollernstr. 11. Spr.: 12—1.

Prof. *Doutrelepont,* Fürstenstr. 3. Spr.: 11 Hautklinik.

Prof. *Elter,* Dechenstr. 2. Spr.: 12—1 ausser Sa.

Prof. *Englert,* Coblenzerstr. 21. Spr.: 2.

Prof. *Fechtrup,* Belderberg 24. Spr.: Mo, Di, Do 12.

Prof. *Felten,* Münsterstr. 13. Spr.: 2.

Prof. *Finkler,* Baumschul-Allee 19. Spr.: 10 hyg. Institut.

Prof. *Foerster,* Arndtstr. 14. Spr.: 10—11 an Vorlesungst.

Dr. *Förster,* Giergasse 28. Spr.: 2—3.

Prof. *Franck*, Endenicher Allee 14. Spr.: Mo bis Do 2—3.

Prof. *Fritsch*, Frauenklinik. Spr.: nach den Vorlesungen.

Prof. *Fuchs*, Bonnerthalweg 4. Spr.: 9—11½, 3—6.

Dr. *Gaufinez*, Beethovenstr. 14. Spr.: 2—3.

Prof. *Geppert*, Hohenzollernstr. 24. Spr.: 12—1 pharma-
kolog. Inst.

Prof. *Göbel*, Kronprinzenstr. 20. Spr.: Mo, Di, Do, Fr
9½—10½.

Prof. *Gothein*, Goethestr. 5. Spr.: 3—4.

Prof. *Grafe*, Kreuzbergerweg 5. Spr.: 3—4.

Dr. *Heusler*, Hohenzollernstr. 31. Spr.: 10—12 und 3—5
chem. Inst.

Prof. *Hübner*, Gluckstr. 5. Spr.: Sa 9—10.

Prof. *Hüffer*, Coblenzerstr. 3, Spr.: Di, Do 3.

Prof. *Jacobi*, Niebuhrstr. 29 a. Spr.: 12.

Dr. *Jores*, Bonngasse 33.

Prof. *Justi*, Thomastr. 23. Spr.: Mo, Do 11—12.

Prof. *Kamphausen*, Weberstr. 27. Spr.: Mo, Do 3—4.

Prof. *Kaulen*, Bachstr. 38. Spr.: 3.

Prof. *Kayser*, Humboldtstr. 2. Spr.: 10—12 physik. Inst.

Prof. *Kekule von Stradonitz*, Chemisches Institut.

Prof. *Kellner*, Mozartstr. 27. Spr.: 2½—3½.

Prof. *Kirschkamp*, Meckenheimerstr. 90. Spr.: 2.

Prof. *Klein*, Kronprinzenstr. 2. Spr.: Sa 2—3.

Prof. *Kochs*, Kaiserstr. 61. Spr.: 2—3.

Prof. *Kocks*, Kronprinzenstr. 4. Spr.: 12—1 u. 5—6.

Prof. *Koenig*, Coblenzerstr. 164. Spr.: Sonnt. 11—1.

Prof. *Koester*, Theaterstr. o. N. Spr.: 9—10 pathol. Inst.

Prof. *Kortum*, Meckenheimerstr. 136. Spr.: Vormittag.

Prof. *Koser*, Arndtstr. 31. Spr.: Di, Fr 2—3.

Prof. *Krafft*, Weberstr. 51. Spr.: 2—3.

Prof. *Krueger*, Königstr. 21. Spr.: Mo, Di, Do 12½.

Prof. *Krukenberg*, Lennéstr. 44.

Dr. *Kruse*, Kölner Chaussee 1 b. Spr.: 12 hygien. Inst.

Prof. *Kueppers*, Argelanderstr. 5. Spr. 10—12.

Prof. *Kuestner*, Poppelsdorf. Allee 49. Spr.: 11—1.

Prof. *Landsberg*, Kronprinzenstr. 9. Spr.: Mi bis Fr 2½.

Prof. *Langen*, Meckenheimerstr. 122. Spr.: Vormittags.

Prof. *Laspeyres*, Königstr. 33. Spr.: 10—11 mineral. Inst.

Prof. Freih. *von la Valette St. George*, Meckenheimerstr. 68.
Spr.: 10—11 anat. Inst.

Prof. *Leo*, Poppelsdorfer Allee 30. Spr. 3—4 med. Poliklinik.
Prof. *Lipschitz*, Königstr. 34. Spr.: 9—10¹/₂.
Prof. *Litzmann*, Coblenzerstr. 83a. Spr.: Mo, Do 4—5.
Prof. *Loersch*, Lennéstr. 21. Spr.: Di, Do 2¹/₂—3.
Prof. *Loescheke*, Königstr. 53. Spr.: Mo bis Fr. 3—4.
Prof. *Lorberg*, Endenicher Allee 2. Spr.: Vormittags.
Prof. *Ludwig*, Colmantstr. 30. Spr.: 10—1 zool. Inst.
Prof. *Martius*, Coblenzerstr. 129. Spr.: 2—3.
Prof. *Meinhold*, Venusbergerweg 21. Spr. 12—1 ausser Sa.
Dr. *Meister*, Agrippinenstr. 5, Spr. Mi 12—1.
Prof. *Menzel*, Königstr. 24. Spr.: 2—3.
Lic. *Meyer*, *A.*, Weberstr. 46. Spr.: Mo, Do 3—4.
Prof. *Meyer*, *J. B.*, Coblenzerstr. 61. Spr.: bis 12.
Dr. *Moennichmeyer*, Venusbergerweg 25. Spr. 4—5.
Prof. *von Mosengeil*, Poppelsdorf. Allee 33. Spr.: 11—1.
Prof. *Neuhaeuser*, Bachstr. 42. Spr.: 12—1.
Prof. *Nissen*, Colmantstr. 31. Spr.: 11—12.
Dr. *Nix*, Coblenzerstr. 62. Spr.: 3.
Dr. *Noll*, Niebuhrstr. 27. Spr.: Vorm. botan. Inst.
Prof. *Nussbaum*, Mozartstr. 6. Spr.: anatom. Inst.
Prof. *Partheil*, Dechenstr. 5. Spr.: 8—12, 3—5 im chem.
   Institut.
Prof. *Pelman*, Prov.-Irrenheilanstalt. Spr.: Mo, Do 10—12,
   4—6.
Dr. *Peters*, Hofgartenstr. 17. Spr.: 2¹/₂—3¹/₂.
Dr. *Philippson*, Kurfürstenstr. 84. Spr.: Di, Fr 12.
Prof. *Pflüger*, *E.*, Physiolog. Institut. Spr.: 10.
Prof. *Pflüger*, *H.*, Colmantstr. 24. Spr.: 3—4.
Dr. *Pletzer*, Martinstr. 8. Spr.: 3—4.
Prof. *Pohlig*, Reuterstr. 43, Poppelsdorf. Spr.: 9.
Prof. *Prym*, Coblenzerstr. 39. Spr.: 12—1.
Prof. *Rappenhöner*, Hohenzollernstr. 17. Spr.: Mo, Di 2—3.
Dr. *Rauff*, Colmantstr. 21. Spr.: 8—10.
Prof. *Rein*, Arndtstr. 33. Spr.: 2—3.
Prof. *Reinhertz*, Coblenzerstr. 83a. Spr.: Landw. Akademie
   nach den Vorlesungen.
Prof. *Reusch*, Lennéstr. 20. Spr.: 3.
Dr. *Rieder*, Wilhelmstr. 26. Spr. 9—1 Chirurg. Klinik.
Prof. *Ritschl*, Schumannstr. 4. Spr.: Di, Fr 5—6.
Prof. *Ritter*, Riesstr. 8. Spr.: 10—11.
Prof. *Sachsse*, Königstr. 2b. Spr.: 2¹/₄—3 ausser Sa.

Prof. *Saemisch*, Lennéstr. 28. Spr.: 9—11 Augenklinik.
Dr. *Sartorius*, Hohenzollernstr. 20. Spr.: 12—1.
Prof. *Schaarschmidt*, Beethovenstr. 2.
Prof. *Schede*, Kronprinzenstr. 3. Spr.: Mo, Mi, Fr 3—5.
Dr. *Schenck*, Poppelsdorf, Kurfürstenstr. 30. Spr.: Vorm. i.
botan. Inst.
Prof. *Schiefferdecker*, Kaiserstr. 31. Spr.: 10—12 anat. Inst.
Prof. *Schimper*, Jagdweg 28, Poppelsdorf.
Prof. *Schlüter*, Bachstr. 36. Spr.: 8—9.
Dr. *Schmidt*, Franziskanerstr. 8. Spr. 5—6.
Prof. *Schrörs*, Thomastr. 26. Spr.: 2.
Prof. *von Schulte*, Lennéstr. 43. Spr.: Di, Mi, Do $2^1/_2$—4.
Prof. *Schultze*, *F.*, Lennéstr. 23. Spr.: 12—1 mediz. Klinik.
Dr. *Schultze*, *E.*, Prov.-Irrenanstalt. Spr.: 10—11.
Prof. *Sell*, Thomastr. 2. Spr.: $^1/_2$3—$^1/_2$4 ausser Sa.
Prof. *Seuffert*, Coblenzerstr. 104. Spr.: Di, Fr 3.
Prof. *Sieffert*, Schumannstr. 10. Spr.: 3—4.
Lic. *Simons*, Coblenzerstr. 73. Spr.: 11—12.
Dr. *Solmsen*, Coblenzerstr. 58. Spr.: 9.
Prof. *Strasburger*, Poppelsdorfer Schloss. Spr.: 12.
Dr. *Strubell*, Hohenzollernstr. 20.
Prof. *Study*, Friedrichstr. 2, Poppelsdorf.
Dr. *Thomsen*, Kreuzbergerweg 4. Spr.: 3—4.
Prof. *Trautmann*, Königstr. 49. Spr.: Mo, Di, Do, Fr 12—1.
Prof. *Ungar*, Kaiserstr. 22.
Prof. *Usener*, Baumschul-Allee 26. Spr.: $2^1/_2$—$3^1/_2$.
Dr. *Voigt*, Maarflachweg 4. Spr.: Vorm. zool. Inst.
Prof. *Walb*, Poppelsd. Allee 29. Spr.: 2—3 Ohrenpoliklinik.
Prof. *Wiedemann*, Königstr. 2. Spr.: Mo 2—3.
Prof. *Wilmanns*, Weberstr. 14. Spr.: 12—1.
Prof. *Witzel*, Königstr. 58. Spr: 3—4.
Prof. *Wolff*, *J.*, Beethovenstr. 8.
Prof. *Wolff*, *L.*, Bonnerthalweg 1. Spr.: 2—3.
Dr. *Wolters*, Hofgartenstr. 7.
Prof. *Zitelmann*, Coblenzerstr. 81. Spr.: Mo, Mi 3—4.

Alphabetisches Verzeichnis sämtlicher Docenten der landwirtschaftlichen Akademie Poppelsdorf.

Beissner, Garten-Insp., Meckenheimerstr. 160, Poppelsdorf. Spr.: Vorm. von 9 Uhr ab, Nachm. von 3 Uhr ab.

Dr. *Gieseler*, Prof., Weberstr. 106. Spr.: Nach den Vorlesungen in der physik. Sammlung.

Dr. *Gothein*, Prof., Güthestr. 5. Spr.: 3—4.

Dr. *Hagemann*, Prof., Argelanderstr. 31. Spr.: 9—12 Versuchsstation.

Huppertz, Prof., Reuterstr. 24, Poppelsdorf. Spr.: Mo 10 bis 12 Akademie.

Koll, Prof., Ermekeilstr. 2. Spr.: Nach den Vorlesungen und während den Uebungen in der Akademie.

Dr. *Körnike*, Prof., Bonnerthalweg 31. Spr.: 11—11³/₄ botan. Sammlung.

Dr. *Kreusler*, Prof., Kirschen-Allee 1, Poppelsdorf. Spr.: 11—12¹/₂ chem. Laborat.

Künzel, Meliorationsbauinspektor, Meckenheimerstrasse 71. Spr.: Mo, Di 11—12.

Dr. *Laspeyres*, Geh. Berg-Rat, Prof., Königstr. 33. Spr.: 10 mineralog. Institut.

Dr. *Ludwig*, Prof., Colmantstr. 30. Spr.: 10—11 zoolog. Institut.

Dr. *Noll*, Poppelsdorfer Allee 42. Spr.: Vorm. botan. Institut.

Dr. *Ramm*, Prof., Gutsadministrator, Meckenheimerstr. 164, Poppelsdorf. Spr.: Nachm. von 2 ab.

Dr. *Reinhertz*, Prof., Coblenzerstr. 83a. Spr.: Nach den Vorlesungen u. während d. Uebungen in der Akademie.

Schell, Departements-Tierarzt a. D. Wilhelmstr. 4. Spr.: 9—10.

Dr. *Schenck*, Kurfürstenstr. 30, Poppelsdorf. Spr.: Vorm. botan. Institut.

Dr. *Schumacher*, Königl. Amtsrichter, Gereonshof 19, Köln. Spr.: Nach den Vorlesungen im Konferenzzimmer.

Sprengel, Königl. Forstmeister, Beethovenstrasse 24. Spr.: Samstag von 11 ab.

Dr. *Freih. von la Valette St. George*, Geh. Med.-Rat, Prof. Meckenheimerstr. 68. Spr.: 10—11 anatom. Institut.

Dr. *Veltmann*, Prof., Venusbergerweg 25, Poppelsdorf. Spr.: Nach den Vorlesungen in der Akademie.

Weissweiler, Lehrer, Dransdorf, Hauptstr. 59. Spr.: Mo,
Di bis 7 am akad. Bienenstande.
Dr. *Wohltmann*, Prof., Königstr. 72. Spr.: 12—1.

Die Universitäts-Bibliothek

umfasst 219000 Bände und 1273 Handschriften; ihr jährlicher
Zuwachs beträgt 8—9000 Nummern. Die Bücher können im
Lesezimmer der Bibliothek, sowie zu Hause am Orte oder
auswärts benutzt werden; nähere Bestimmungen über das
Ausleihen siehe Bibliotheks-Ordnung. Die Bibliothek ist ge-
öffnet täglich von 9—1 Uhr und von 2—6 Uhr, in den aka-
demischen Ferien von 9—1 Uhr; Bücher-Ausgabe von 2—4
Uhr, in den Ferien von 11—1 Uhr.
Direktor: Geh. Reg. Rat Prof. Dr. *Schaarschmidt*;
Oberbibliothekare Dr. *II. Rau*, Dr. *Klette*; Bibliothekare:
Dr. *Flemming*, Dr. *Seelmann*, Dr. *Masslow*; Hülfsbiblio-
thekar: Dr. *Vouilliéme*; Hülfs-Arbeiter und Volontäre: Dr.
Gorres, Dr. *Wenzel* und Dr. *Moeltzner*.

Der Aademische Leseverein.

Der Beitrag (Eintrittskarte) beträgt für die ordentlichen
Mitglieder 15 M. jährlich, für die ausserordentlichen 3 M.
für das S.-S. und 4,50 M. für das W.-S. Als ordentliche
Mitglieder können alle Universitäts-Angehörige, als ausser-
ordentliche nur hiesige Studierende aufgenommen werden.
Die Aufnahme der ordentlichen Mitglieder erfolgt auf ganze
Kalenderjahre, die der ausserordentlichen auf einzelne akademische Semester.
Der Leseverein bietet seinen Mitgliedern über 500 teils
politische Zeitungen, teils deutsche und ausländische wissen-
schaftliche- und Unterhaltungs-Zeitschriften. Die Benutzung
der Zeitschriften findet in doppelter Form statt; teils in dem
Lokal des Vereins, teils in einem Lesezirkel, in den sie aus
dem Lesezimmer übergehen, um den Teilnehmern nach

einem regelmässigen Turnus, und zwar in einer von jedem einzelnen zu bestimmenden Zahl und Auswahl, durch den dazu angestellten Boten in ihre Wohnungen gebracht werden und wieder abgeholt werden. Zur Teilnahme an dem Lesezirkel ist kein Mitglied des Vereins verpflichtet.

Das Lokal des Lesevereins, das sich im Universitätsgebäude befindet, ist für alle Mitglieder von 9 Morgens bis 8 Uhr Abends geöffnet. An Sonn- und Festtagen von 11— 1 Uhr.

Auszug aus den Vorschriften für die Studierenden der Landesuniversitäten.

I. Aufnahme und Abgang der Studierenden.

§ 2. Zum Nachweis der wissenschaftlichen Vorbildung für das akademische Studium haben Angehörige des Deutschen Reiches dasjenige Reifezeugnis einer höheren Lehranstalt beizubringen, welches für die Zulassung zu den ihrem Studienfach entsprechenden Berufsprüfungen in ihrem Heimatstaate vorgeschrieben ist.

§ 3. Mit besonderer Erlaubnis der Immatriculations-Commission können Angehörige des Deutschen Reiches, welche ein Reifezeugnis nicht erworben, jedoch wenigstens dasjenige Maass der Schulbildung erreicht haben, welches für die Erlangung der Berechtigung zum Einjährig-Freiwilligen-Dienst vorgeschrieben ist, auf vier Semester immatriculirt und bei der philosophischen Facultät eingetragen werden.

Die Immatriculations-Commission ist ermächtigt, nach Ablauf dieser vier Semester die Verlängerung des Studiums um zwei Semester aus besonderen Gründen zu gestatten. Eine weitere Verlängerung ist nur mit Genehmigung des Curators (Curatoriums) zulässig.

§ 4. Ausländer können immatriculirt und bei jeder Facultät eingetragen werden, sofern sie sich über den Besitz einer Schulbildung ausweisen, welche der in § 3 bezeichneten im Wesentlichen gleichwertig ist.

§ 6. Die Meldung zur Aufnahme soll innerhalb der

ersten drei Wochen nach dem vorgeschriebenen Anfang des
Semesters erfolgen.

Spätere Meldungen dürfen nur, wenn die Verzögerung
durch besonders nachzuweisende Gründe gerechtfertigt wird,
ausnahmsweise mit Genehmigung des Curators (des Curatoriums) zugelassen werden.

§ 7. Mit der Aufnahmeurkunde zugleich empfängt der
Studirende ein Anmeldebuch für Vorlesungen und eine Erkennungskarte.

Der Studirende ist verpflichtet, seine Erkennungskarte
stets bei sich zu tragen. Sollte er sie verlieren, so hat er
alsbald die Ausstellung einer neuen Karte nachzusuchen, welche
gegen Erlegung einer Gebühr von einer Mark erfolgt.

§ 8. Der Studirende ist verpflichtet, der akademischen
Behörde bei seiner Aufnahme seine Wohnung anzuzeigen und
ihr jedesmal, wenn er eine neue Wohnung bezieht, binnen
drei Tagen Mitteilung davon zu machen. Die Unterlassung
wird disziplinarisch geahndet.

§ 11. Abgangszeugnisse dürfen den Studirenden erst in
der letzten Woche vor dem gesetzlichen Schluss des Semesters ausgehändigt werden, sofern nicht dem Rector besonders
nachzuweisende Gründe den früheren Abgang des Studirenden
ausnahmsweise rechtfertigen.

II. Von den Vorlesungen.

§ 12. Die Annahme von Vorlesungen soll innerhalb der
ersten vier (auf der Universität Berlin sechs) Wochen nach
dem vorgeschriebenen Anfang des Semesters erfolgen.

Für spätere Annahme ist die nur auf nachgewiesene aus-
reichende Entschuldigungsgründe zu erteilende Erlaubnis des
Rectors erforderlich. Diese Erlaubnis ist in das Anmeldebuch einzutragen.

§ 13. Wer nicht innerhalb der vorgeschriebenen Frist
(§ 12) mindestens eine Privatvorlesung gehörig angenommen
hat, kann entweder aus dem Verzeichnis der Studirenden
gestrichen oder im Wege des Disciplinarverfahrens wegen
Unfleisses mit Nichtanrechnung des laufenden Halbjahres auf
die vorgeschriebene Studienzeit und im Wiederholungsfall mit
Entfernung von der Universität bestraft werden.

§ 14. Binnen der in § 12 vorgeschriebenen Frist haben
sich ferner die Studierenden bei den betreffenden akademi-

schen Lehrern persönlich zu melden und sie um Eintragung ihres Namens und des Datums der Meldung in die dazu bestimmte Spalte des Anmeldebuchs zu ersuchen. Wer durch besondere Gründe an der rechtzeitigen Meldung verhindert worden ist, hat dieselben dem Rector nachzuweisen, welcher, wenn er die Verspätung entschuldigt findet, darüber einen Vermerk in das Anmeldebuch einträgt.

Fehlt ein solcher Vermerk, so wird, wenn nach dem von dem Docenten eingetragenen Datum die Meldung später als vorgeschrieben erfolgt ist, über die Vorlesung kein Vermerk in das Abgangszeugnis aufgenommen.

§ 15. Innerhalb der letzten vierzehn Tage vor dem vorgeschriebenen Schlusse des Semesters haben sich die Studierenden bei den Lehrern, deren Vorlesungen sie hören, abermals persönlich zu melden und sie um Eintragung ihres Namens und des Datums in die für die Abmeldung bestimmte Spalte des Anmeldebuchs zu ersuchen.

Zu einem früheren Termin darf die Abmeldung nur erfolgen, wenn in das Anmeldebuch die besondere Erlaubnis des Rectors eingetragen ist oder die Bescheinigung über die erfolgte Meldung zum Abgange von der Zahlung der Abgangszeugnis-Gebühren vorgelegt wird.

Wenn die Abmeldung einer Vorlesung wegen Abwesenheit, Krankheit oder Tod eines Lehrers nicht rechtzeitig vorgenommen werden kann, so ist sie innerhalb der oben bezeichneten Frist bei dem Decan der betreffenden Facultät zu bewirken.

Ist der Studierende ohne sein Verschulden an der Innehaltung der Abmeldungsfrist verhindert worden, so hat er dies dem Rector nachzuweisen und ihn um Eintragung eines die nachträgliche Abmeldung gestattenden Vermerks in das Anmeldebuch zu ersuchen.

Ist die Abmeldung unterblieben oder nach Massgabe der vorstehenden Vorschriften zu früh oder zu spät erfolgt, so wird über die Vorlesung kein Vermerk in das Abgangszeugnis aufgenommen.

§ 16. Verliert ein Studierender sein Anmeldungsbuch, so wird ihm ein neues Exemplar nur gegen eine Gebühr von 20 Mark ausgefertigt. Über die Vorlesungen jedoch, für welche die vorschriftsmässige Anmeldng und Abmeldung nicht mehr nachgewiesen werden kann, wird ein Vermerk in das Abgangs-Zeugnis nur aufgenommen, wenn ihr Besuch dem Studirenden von dem betreffenden Docenten bescheinigt wird.

III. Rechtliche Stellung der Studierenden.

§ 18. In ihren privaten Rechtsangelegenheiten unterliegen die Studirenden den Vorschriften des gemeinen bürgerlichen Rechts und stehen unter der allgemeinen bürgerlichen Gerichtsbarkeit.

§ 19. Auch in Strafsachen stehen die Studierenden unter den allgemeinen Gesetzen und sind der ordentlichen Gerichtsbarkeit unterworfen.

Sie haben die örtlichen Polizeivorschriften zu beobachten und den Anordnungen der Polizeibeamten und sonstigen Organe der bürgerlichen Obrigkeiten Folge zu leisten.

§ 21. Vermöge ihrer Eigenschaft als Studierenden stehen sie unter der akademischen Disciplin nach Massgabe der Bestimmungen des folgenden Abschnitts.

IV. Akademische Disciplin.
Disciplinarstrafen und Strafverfahren.

§ 25. Zur Handhabung der Disciplin hat die akademische Disciplinarbehörde die Befugnis, gegen Studierende Disciplinarstrafen auszusprechen.

Insbesondere sind solche zu verhängen.

1. wenn Studierende gegen Vorschriften verstossen, welche unter Androhung der disciplinaren Bestrafung erlassen sind;
2. wenn sie Handlungen begehen, welche die Sitte und Ordnung des akademischen Lebens stören oder gefährden, oder
3. durch welche sie ihre oder ihrer Genossen Ehre verletzen;
4. wegen leichtsinnigen Schuldenmachens und wegen eines Verhaltens, welches mit dem Zwecke des Aufenthalts auf der Universität (Akademie, Lyceum) in Widerspruch steht.

§ 26. Nach Nr. 2 des § 25 sollen namentlich mit disciplinarischer Strafe geahndet werden:

1. Verletzung der den akademischen Behörden und Lehrern gebührenden Achtung;
2. Ungehorsam gegen die Anordnungen der akademischen Behörden und Beamten;
3. Fortgesetzter Besuch einer nicht angenommenen Vorlesung ohne besondere Erlaubnis des Docenten;
4. Verletzungen der am schwarzen Brett angehefteten Anschläge der akademischen Behörden, Lehrer und Beamten;
5. Störung der Ordnung und Ruhe oder Verletzung des Anstandes in den Universitätsgebäuden und -Anlagen;
6. Hohes und unerlaubtes Spielen oder Wetten;
7. Verrufserklärungen;
8. Ehrenkränkung unter Studierenden;
9. Herausforderung zum Zweikampf und Annahme derselben, der Zweikampf selbst und die Teilnahme daran als Cartellträger, Secundant, Unparteiischer. Arzt oder Zuschauer; doch bleiben Cartellträger straflos, wenn sie ernstlich bemüht gewesen sind, den Zweikampf zu verhindern;
10. Unsittlicher Lebenswandel, Hingabe an den Trunk oder Erregung von öffentlichem Anstoss durch Trunkenheit.

§ 27. Nach Nr. 4 des § 25 wird insbesondere auch derjenige bestraft, der sich während des Semesters längere Zeit ohne Erlaubnis des Rectors aus der Universitätsstadt entfernt.

§ 28. Das disciplinarische Einschreiten der akademischen Behörde ist unabhängig von einer wegen derselben Handlung eingeleiteten strafrechtlichen Verfolgung.

§ 29. Disciplinarstrafen sind:

1. Verweis,
2. Geldstrafe bis zu zwanzig Mark,
3. Carcerstrafe bis zu zwei Wochen,
4. Nichtanrechnung des laufenden Halbjahres auf die vorgeschriebene Studienzeit,
5. Androhung der Entfernung von der Universität (Unterschrift des consilium abeundi).
6. Entfernung von der Universität (consilium abeundi),
7. Ausschluss von dem Universitätsstudium (Relegation).

Der Ausschluss von dem Universitätsstudium kann nur auf Grund einer rechtskräftigen Verurteilung wegen einer strafbaren Handlung ausgesprochen werden, wenn dieselbe aus einer ehrlosen Gesinnung entsprungen ist.

§ 30. Die Strafe der Entfernung von der Universität bewirkt zugleich, dass das Halbjahr, in welchem sie den Studirenden getroffen hat, ihm auch dann nicht auf die vorgeschriebene Studienzeit angerechnet werden darf, wenn er während desselben auf einer anderen Universität Aufnahme gefunden haben sollte.

Die Strafe des Ausschlusses von dem Universitätsstudium hat zur Folge, dass der von ihr Betroffene nicht mehr an einer Universität als Studierender aufgenommen oder zum Hören von Vorlesungen zugelassen werden darf.

§ 33. Abs. II. Auf Entfernung von der Universität oder Ausschluss vom Universitätsstudium darf nur dann erkannt werden, wenn dem Angeschuldigten, dessen Aufenthalt bekannt ist, Gelegenheit gegeben worden ist, sich vor dem Senate zu verantworten.

§ 35. Nur gegen Urteile auf Nichtanrechnung des laufenden Halbjahres, auf Entfernung von der Universität ist Berufung zulässig.

Dieselbe ist schriftlich oder zu Protokoll bei dem Rector binnen einer Ausschlussfrist von zwei Wochen einzulegen. Die Frist beginnt mit dem Tage der Bekanntmachung des Urteils nebst Gründen an den Verurteilten.

Der Unterrichtsminister entscheidet über die Berufung. Sie hat keine aufschiebende Wirkung.

Auszug aus dem Reglement über die Meldung der Studierenden zu den Vorlesungen und über die Entrichtung des Honorars, vom 31. Dezember 1847.

I. Von der Meldung zu den Vorlesungen.

§ 1. Jeder Studierende hat zuvörderst sein bei der Immatriculation empfangenes Anmeldebuch, dessen Titelseite seinen vollständigen Vor- und Zunamen, sein Vaterland und den Vermerk des betreffenden Decans über die vollzogene Einschreibung in das Fakultäts-Album (oder aber, für die im § 43 erwähnten Fälle über seine provisorische Notirung in die dafür bestimmte Liste) enthalten muss, in der Art auszufüllen, dass er, unter Ueberschrift des Semesters, in die erste Columne in numerirter Folge alle diejenigen sowohl öffentlichen als Privat-Vorlesungen eigenhändig einträgt, welche er während des laufenden Semesters zu hören wünscht.

§ 2. Mit dem also ausgefüllten Anmeldebuch hat er sich persönlich auf die Quästur zu verfügen, und von dieser die zweite Columne mit den vorschriftsmässigen Vermerken über Erlegung, Stundung oder Erlass der Honorare und über Zahlung der Auditorengeldern ausfüllen zu lassen.

§ 3. Die Auditorengelder bestehen in 50 Pfg. für jede entgeltliche und 1 Mark für jede unentgeltliche Vorlesung. Erlass oder Stundung derselben findet nicht Statt.

§ 4. Das mit den Quästur-Vermerken laut § 2 versehene Anmeldungsbuch ist alsdann den betreffenden Docenten persönlich vorzulegen, welche in die dritte Columne ihren Namen, den Tag der Meldung und die Nummer der Zuhörerliste eigenhändig einzeichnen. Durch diese Nummer ist zugleich der Platz im Auditorium bestimmt, wofür jedoch auch noch besondere Karten ausgetheilt werden können.

§ 9. Hat der Studierende die Meldung bei dem Docenten unterlassen, so hat er überhaupt keinen Anspruch auf ein Testat über die betreffende Vorlesung.

§ 10. Wer überwiesen wird, eine Privatvorlesung im Winter-Semester bis Weihnachten, im Sommer-Semester bis zum 1. Juli ohne die vorschriftsmässige Anmeldung besucht zu haben, ist nicht nur zur Entrichtung des Honorars verpflichtet, welches demnächst von ihm eingezogen werden soll, sondern hat auch ausserdem eine . . . . . Disciplinar-Strafe zu erwarten.

II. Von der Erlegung des Honorars.

§ 11. Die Bestimmung des Honorars für die Vorlesungen hängt in der Regel von dem Dozenten ab, welcher den Quästor darüber instruirt.

§ 12. Die Einziehung des Honorars von den Studierenden und zwar für sämmtliche Docenten der Universität, erfolgt auf der Quästur praenumerando bei der Anmeldung zu den Vorlesungen.

§ 13. Der Quästor ist zu einer statutenmässigen Tantieme von zwei Procent berechtigt, die er von dem eingenommenen Honorar bei der Ablieferung desselben abzieht.

III. Von der Stundung bezw. dem Erlass der Honorare.

§ 20. Erlass des Honorars geniessen alle Studierenden für jede solche Privatvorlesung, welche sie bei demselben Docenten zum zweiten Male zu hören wünschen, falls nicht in dieser Beziehung von dem Docenten eine ausdrückliche entgegengesetzte Erklärung abgegeben ist.

§ 23. Die Stundung des Honorars geschieht bis nach erfolgter Anstellung oder hinreichender Verbesserung der Vermögensumstände des betreffenden Studierenden, oder spätestens bis zum Ablaufe des sechsten Jahres nach Vollendung seiner akademischen Studien. Das etwaige Anerbieten kürzerer Zahlungstermine muss immer angenommen werden.

§ 24. Die Berechtigung zum Genuss der Stundung bezw. des Erlasses wird von einer aus dem Rector, dem Universitätsrichter und den fünf Decanen zusammengesetzte Commission erteilt, die nach Stimmenmehrheit entscheidet.

§ 25. Der Studierende, welcher die Wohlthat der Stundung in Anspruch nehmen will, hat das betreffende Gesuch innerhalb der ersten Woche nach dem gesetzlichen Anfang des Semesters bei der Stundungs-Commission einzureichen. Später eingehende Gesuche können nur in den Fällen berücksichtigt werden, wo die Verspätung mittels Attestes der betreffenden Ortsbehörde hinreichend entschuldigt werden kann.

§ 26. Bei der Nachsuchung um Berichtigung zum Genuss der Stundung bezw. des Erlasses sind einzureichen:

1. Von Inländern ein Maturitäts-Zeugnis, von Ausländern ein günstiges Schulzeugnis. Bei solchen In- und Ausländern, die bereits auf anderen Universitäten studiert haben, wird ausserdem ein günstiges Abgangs-Zeugnis erfordert. Der Mangel dieser Zeugnisse schliesst unbedingt die Erteilung der Berechtigung aus.
2. Ein Zeugnis der Bedürftigkeit.
3. Ein seiner Unterschrift nach amtlich beglaubigtes Attest des Vaters bezw. der verwittweten Mutter, dadahin lautend:

3

„Ich bescheinige hiermit, dass mein Sohn (Name desselben) mit meiner Zustimmung die Universität zu Bonn besucht und um Stundung der Honorarien bittet. Sollte von meinem Sohne zur Zeit der Fälligkeit der Honorarschuld die Zahlung derselben nicht zu erlangen sein, so verpflichte ich mich hierdurch meinerseits zur Abtragung dieser Schuld meines Sohnes, wofern und insoweit ich dazu alsdann nach meinen Vermögensverhältnissen im Stande bin."

. . . . . . Ort u. Datum der Ausstellung des Attestes.

. . . . Unterschrift des Vaters bezw. der verwittweten Mutter und zwar Vor- und Zuname und Charakter und bei der Mutter mit dem Zusatz „Wittwe".

(Die Unterschrift des Vaters bezw. der Mutter ist von einer öffentlichen Behörde unter Beidrückung des Amtssiegels zu beglaubigen, Stempelmarke ist jedoch nicht nötig.)

§ 29. Die Berechtigung kann je nach dem Inhalte der beigebrachten Zeugnisse auch auf die Hälfte des Honorars beschränkt werden.

§ 30. Ueber die erteilte Berechtigung wird dem Studirenden ein vom Rector, Universitätsrichter und dem betreffenden Decan vollzogener Schein eingehändigt, den er dem Quästor bei der in § 2 vorgeschriebenen Meldung vorzuzeigen hat.

§ 31. Bis zum Eintreffen der Entscheidung auf ein eingereichtes Gesuch darf der Studierende, wenn er sich desserhalb persönlich an den Docenten wendet, mit dessen Erlaubnis die betreffenden Vorlesungen als Hospitant besuchen.

§ 32. Der Studierende, welchem die Wohlthat der Stundung zuerkannt worden, ist verpflichtet, bei Vermeidung des Verlustes seiner Berechtigung, von dem erhaltenen Stundungsscheine im ersten Semester binnen drei Tagen nach dem Empfange des gedachten Berechtigungsscheines, in den folgenden Semestern innerhalb der ersten Woche nach dem gesetzlichen Anfange des Semesters bei der Quästur Gebrauch zu machen. Nur wenn ein desfallsiges Versäumnis als ein durchaus unverschuldetes nachgewiesen wird, ist die nachträgliche Annahme des Stundungsscheines auf der Quästur statthaft.

§ 33. Die Fortdauer der Gültigkeit der erteilten Berechtigung hängt davon ab, dass in der Zwischenzeit in den

Vermögensverhältnissen des Berechtigten keine Verbesserung eintritt, teils davon, dass sich derselbe durch sein Betragen der erlangten Wohlthat nicht unwürdig macht. In der ersten Beziehung wird ihm die Pflicht auferlegt, von jeder günstigen Aenderung seiner persönlichen Verhältnisse der Stundungs-Commission Anzeige zu machen, welche sodann zu enscheiden hat, ob das Benefiz der Stundung fortdauern kann.

Auszug aus den Satzungen der akademischen Krankenkasse.

§ 3. Mitglied der Kasse ist jeder Studierende der Universität Bonn. Jedes Mitglied ist berechtigt die Hülfe der Kasse unentgeltlich in Anspruch zu nehmen.

§ 4. Studierende gehen des Anspruchs auf die Hülfe der Kasse für das laufende Semester verlustig:

1. wenn sie ihrer Beitragspflicht nicht rechtzeitig genügen (§ 6);
2. wenn sie vorsätzlich den Anordnungen der sie behandelnden Aerzte zuwider handeln;
3. wenn sie vorsätzlich die in den klinischen Anstalten geltenden Ordnungsvorschriften übertreten;
4. wenn sie, falls ihre Aufnahme in eine klinische Anstalt notwendig erachtet wird, den Eintritt in die Anstalt verweigern.

§ 6. Jeder hier immatriculirte Studierende ist zu einem halbjährigen Beitrag von 2 Mark verpflichtet. Eine Aenderung der Beitragshöhe kann nur auf Beschluss des Kassen-Vorstandes mit Zustimmung des akadmischen Senats und des Universitäts-Curatoriums erfolgen.

Diese Beiträge werden zu Anfang des Semesters bei der Vorlesungsmeldung innerhalb der ersten vier Wochen des Semesters auf der Quästur erhoben und im Anmeldebuch bescheinigt.

Gebühren.

Immatriculation 18 Mk., für solche, welche von anderen deutschen bezw. österr. oder schweiz. Universitäten kommen, 9 Mk.

Honorar-Bestimmungen nach eigenem Ermessen der
Lehrer circa 17—20 Mk. für 4 st. Privatissima.
Exmatrikel 12,90 Mk., nach Ablauf der gesetzl. vier-
wöchentl. Frist vom gesetzl. Schluss des Semester gerechnet 25,40 Mk.

Preisaufgaben pro 1896.

Von der kathol.-theolog. Fakultät:

Epistolarum pastoralium authentia demonstretur.

Von der evangel.-theolog. Fakultät:

I. Ex Cyrilli Hierosolymitani catechesibus explanetur,
quae a competentibus expostularit, ut ad baptismi sacramen-
tum admitterentur.

Welche Anforderungen Cyrill von Jerusalem an die
Taufbewerber stellte, werde aus seinen Catechesen entwickelt.

II. Opiniones theologicae Sebastiani Frankii Wordensis
et ipsius scriptis et aliorum auctorum collectaneis quae in
nostrae universitatis bibliotheca conservantur adhibitis expo-
nantur.

Darstellung der Theologie des Sebastian Frank von
Donauwörth mit Benutzung der auf hiesiger Bibliothek be-
findlichen Schriften von und über Frank.

Von der juristischen Fakultät:

I. Disquirendum quid iuris sit, si multa per alium pro
condemnato solvatur.

Die Bezahlung von Geldstrao durch dritte.

II. Exponatur ratio iuris asylorum quod profugis qui
concurrente alio crimine denegatur.

Die Auslieferung politischer Verbrecher.

Von der medicinischen Fakultät:

Musculorum constitutio chemica in regno animalium ana-
lysi comparativa exploretur.

Es soll durch vergleichende Analyse die elementare
chemische Zusammensetzung der Muskeln im Tierreich er-
forscht werden.

Von der philosophischen Fakultät:

I. Nomina propria latina oriunda a participiis (Amata Amans Amantia etc.) quae quando quomodo ficta sint.

II. Anthozoorum in creta superiore Germaniae septentrionalis repertorum palaeontologia ita pertractetur, ut eorum affiniumque loca simul et geologica et geographica respiciantur.

Palaeontologische Bearbeitung der Anthozoen der oberen Kreide Norddeutschlands unter Berücksichtigung der geologischen und geographischen Verbreitung dieser und der verwandten Formen.

Quaestiones subsidiariae:

III. Plotini de pulchro doctrina exponatur et existimetur.

Plotins Lehre vom Schönen darzustellen und zu beurteilen.

IV. Isatis tinctoriae L. natura einsque quae olim in Germania fuit cultura describantur et quantum fieri potest illustrentur.

Die Eigenschaften des Waid (Isatis tinctoria L.), seine geographische Verbreitung, frühere Kultur und Bedeutung im deutschen Reich sollen an der Hand naturwissenschaftlicher und kulturgeschichtlicher Studien dargelegt und durch eine Karte sowie andere Hülfsmittel veranschaulicht werden.

V. De carminum Anglorum saeculi XIV. XV. XVI. versu alliterato.

Der englische Stabvers im 14., 15., 16. Jahrhundert.

VI. Welcker-Preis:

Librorum περὶ ποιημάτων volumina Herculanensia quantum fieri potest restituantur.

VII. Loebell-Preis:

Ex quo tempore quaque ratione dies et natales et supremos in variis imperii Romani partibus in tabulas publicas rettulerint, ex inscriptionibus antiquis quantum fieri potest colligatur.

Das gesammte inschriftliche Material soll zur Lösung der Frage dienen, seit wann und in wie weit amtliche Geburts- und Sterbelisten in den verschiedenen Teilen des römischen Reiches geführt wurden.

Stipendien.

Hohenzollern-Stiftung für Studierende aller Fakultäten und deutscher Nationalität.

v. Diergardt-Stiftung für Studierende aller Fakultäten.

Krohn'sche Stiftung für einen Zoologen.

v. Mandt-Ackermann-Stiftung für 2 Juristen und 1 Mediciner.

Pütz-Stiftung nur für Historiker und Geographen.

Stiftung der Gebrüder Cahn für Juristen, Mediciner und Studierende der philosoph. Fakultät.

Harlessianum für Mediciner.

Usener-Stiftung für klassische Philologen.

Ausserdem 6 städtische, 3 private Stipendien vorhanden, viele Staatsstipendien und ein Conviktfonds für katholische Studenten, 9 Bewilligungen aus der akadem. Unterstützungskasse. Es werden schliesslich noch cr. 50 allgemeine akadem. (oder Staats-) Stipendien einschl. Kollektengelder im S.-S im Betrage von 120 Mk. im W.-S. von 180 Mk. verliehen. Näheres über Bewerbung um Stipendien im Secretariat der Universität zu erfragen.

Bedingungen für die Erwerbung des Doktorgrades.

Juristische Fakultät:

Die Bewerbung um den Doktor-Grad in der juristischen Facultät zu Bonn geschieht durch ein an den Decan zu richtendes Schreiben, welchem ein Lebenslauf und die Nachweisung über ein dreijähriges juristisches Studium beizufügen sind.

Wird die Bewerbung angenommen, so hat der Candidat eine deutsche oder lateinische Dissertation vorzulegen, nach deren Genehmigung derselbe zu einer mündlichen Prüfung in deutscher Sprache zugelassen wird. Dieselbe erstreckt sich über alle Gebiete des gemeinen Rechts. Nach bestandener Prüfung und nachdem die Dissertation, von welcher der Candidat dem Decan an Eides Statt zu versichern hat, dass er sie selbst verfasst habe, gedruckt ist, findet die öffentliche Disputation in deutscher oder lateinischer Sprache statt, an welche sich der Promotionsakt unmittelbar anschliesst. Die Gebühren betragen 340 Mk. — Die eine Hälfte derselben ist sogleich, nachdem die Bewerbung angenommen ist, die andere Hälfte unmittelbar vor der Promotion an die Universitäts-Quästur zu entrichten. Ausserdem hat der Candidat die Kosten des Diploms (circa 20 Mk.) und des Drucks der Dissertation zu tragen.

Medicinische Fakultät:

Bei der Bewerbung um den Doktor-Grad in der medicinischen Facultät sind bei dem Decan einzureichen:

1. der Nachweis eines medicinischen Studiums von mindestens 8 Semestern.
2. ein Reifezeugnis eines deutschen humanistischen Gymnasiums.
3. ein Zeugnis, dass vor mindestens 2 Semestern das tentamen physicum bestanden ist.
4. eine Abhandlung über ein medicinisches Thema, worin die benutzte Litteratur angegeben und die Versicherung an Eides Statt, dass keine weitere Hülfe stattgefunden.
5. eine Quittung über die erste auf der Universitätskasse gezahlte Rate von 170 Mk.
6. Nach dem Examen rigorosum eine Quittung über die zweite Rate von 188 Mk. incl. Diplom und 240 Exemplaren der Dissertation an das Secretariat.

Näheres über Termine etc. zu erfragen bei Herrn Pedell Krämer.

Philosophische Fakultät:

I. Meldung. In dem bei dem Decan einzureichenden Meldungsschreiben sind das Fach oder die Fächer, in welchem der Bewerber sich der Doktorprüfung unterziehen will, namhaft zu machen; in Betreff der Dissertation ist an Eides Statt zu versichern, dass der Candidat selbst sie verfasst hat. Diesem Meldungsschreiben ist beizufügen:

1. Bei Inländern das Reifezeugnis eines Gymnasiums oder Realgymnasiums; bei Ausländern der Nachweis einer ausreichenden Vorbildung zum Universitäts-Studium.

2. Nachweis eines nach Erlangung des Reifezeugnisses wenigstens drei Jahre umfassenden Studiums an einer oder mehreren Universitäten.
3. Lebenslauf des Candidaten in der gleichen Sprache wie die Dissertation.
4. Ein amtliches Sittenzeugnis.
5. Die Quittung der Bonner Universitäts-Quästur über Zahlung der ersten Hälfte der im Ganzen 340 Mk. betragenden Promotionsgebühren. (Diese erste Hälfte verbleibt der Facultät, falls die Prüfung nicht bestanden wird; die zweite Hälfte ist erst vor der öffentlichen Promotion zu entrichten.)
6. Eine Dissertation, d. h. eine wissenschaftliche Abhandlung aus dem zur Doktorprüfung gewählten Hauptfache. Bei Gegenständen aus der klassischen und orientalischen Philologie, aus der Archäologie, der alten Philosophie und der alten Geschichte muss die Dissertation in lateinischer Sprache abgefasst sein. Bei allen übrigen Gegenständen gestattet die Fakultät in der Regel den Gebrauch der deutschen Sprache. Eine andere als die lateinische oder deutsche Sprache kann ohne ministerielle Erlaubnis nicht gestattet werden.

II. Prüfnng. Findet die Fakultät die Dissertation genügend und auch sonst keinerlei Bedenken gegen die Meldung, so wird der Bewerber zur mündlichen Prüfung zugelassen. Diese zerfällt in zwei Abschnitte indem der eigentlichen Doktorprüfung eine Magisterprüfung vorausgeht. In der Magisterprüfung soll der Candidat seine allgemeine wissenschaftliche Bildung in der Philosophie, in der Mathematik, in den Naturwissenschaften, in den alten Sprachen (bei Realgymnasiasten nur im Lateinischen) und in der Geschichte erweisen. Die Doktorprüfung ist eine gründliche und genaue Prüfung in dem oder in den Fächern, welche der Candidat in seinem Meldungsgesuch angegeben hat. Das Fachgebiet, in welchem die Doktorprüfung stattfindet, fällt in der Magisterprüfung aus.

III. Promotion. Nach bestandener Prüfung hat der Candidat die Dissertation zugleich mit den von ihm aufgestellten und von der Fakultät genehmigten Thesen drucken zu lassen und dann in einer öffentlichen Disputation zu verteidigen. Die Sprache der Disputation ist dieselbe wie die der Dissertation. Die Dissertation, welcher auch der Lebenslauf des Candidaten beizudrucken ist, muss einige Tage vor der Disputation in 240 Exemplaren an das Secretariat der Universität abgeliefert werden. Der eigentliche Promotionsakt schliesst sich der Disputation unmittelbar an.

Akademische Vereinigungen.

I. Verbände farbentragender Korporationen mit u. S.

a) Corps im Kösener S. C. V.

1. **Rhenania.** 15. 5. 20. (rekonstr. 4. 7. 29.), dunkelblau-weiss-rot. Ff. blau-weiss-blau, P. silb., Fm. Früher weisse St., jetzt blaue M. Kneipe Drei-Kaiser-Saal.
2. **Guestphalia.** 18. 5. 20. (rekonstr. 5. 11. 27.), grün-weiss-schwarz. Ff. grün-weiss-grün. P. silb., grüne St, eigene Kneipe Baumschuler Allee 22.
3. **Borussia.** 1. 11. 27., schwarz-weiss-schwarz, Ff. schwarz-weiss, P. silber, am weissen Streifen schwarz-silber; weisse St., eigene Kneipe, Kaiserstrasse 52.
4. **Saxonia.** 6. 6. 32., hellblau-weiss-schwarz. Ff. hellblau-weiss-hellblau. P. silb., hellblaue St., eigene Kneipe, Bahnhofstrasse 18.
5. **Palatia.** 18. 8. 38., violett-weiss-rot. Ff. violett-weiss-violett. P. silb., violette St., eigene Kneipe, I. Fährgasse 1.
6. **Hansea.** 11. 7. 49., weiss-hellrot-weiss, Ff. weiss-hellrot. P. silb., rote St. u. M. Kneipe bei Schmitz-Ruland.
7. **Teutonia.** 9. 3. 44., erneut 1875 u. 1888, dunkelgrün-rot-gold, Ff. grün-rot. P. gold, dunkelgrüne Stürmer.

b) Burschenschaften im A. D. C.

1. **Alemannia.** 18. 7. 44., schwarz-rot-gold, Füchse kein Band. P. gold, dunkelrote M., eigene Kneipe Schänzchen.
2. **Franconia.** 11. 12. 45., weiss-rot-gold, Füchse Vollband. P. gold, weisse M., Cerevics rot, eigene Kneipe Rheindorferweg.

3. Marchia. 1. 11. 54., Burschenschaft s. 17. 5. 82 resp. 85,
dunkelblau-gold-rot, dunkelblaue M.

c) Ak. Turnverein im V. C.

Germania. 1. 5. 77., schwarz-weiss-rot. Ff. schwarz-rot.
P. silb., rote M. Kneipe: Beethovenhalle.

II. Freie Verbindungen mit u. S.

a) Mit Couleur und Waffen.

1. **Norddeutsche Verbindung.** 1. 12. 69., schwarz-weiss-
carmin. P. silb., Ff. schwarz-weiss, hellblaue M., eigene
Waffen. Kneipe: Restaurant Zernack, Mauspfad 1.
2. **Palaio-Teutonia** (freie Landsmannschaft). 9. 3. 44. (Als
L. Teutonia, rekonstr. als L. Palaio-Teutonia S. S. 94),
gold-rot-grün, Ff. rot-grün. P. gold, grüne M.
3. **Salia** (Verb.). 11. 11. 73. (als ak. Landw. V., rekonstr.
24. 4. 90. als geodätisch-kulturtechn. V., Verb. Salia
s. S. S. 93.), hellblau-weiss-rot. Ff. weiss-hellblau-
weiss. P. silb., weisse M.
4. **Marcomannia.** A. T. V. gest. W.-S. 92/93, dunkelgrün-
weiss-gold, Ff. grün-weiss, P. gold, grüne M.

b) Ohne Couleur und Waffen.

1. **Cimbria.** 13. 12. 61. (als pharmaz. V. s. S.-S. 89, Verb.
Cimbria s. W.-S. 90/91), rot-gold-blau. P. gold. Bz.
Kneipe: Café Tewele.
2. **Alania.** 17. 11. 83 (als Amicitia, Alania s. W.-S. 93/94),
rot-weiss-grün, n. g.
3. **Agraria.** 5. 6. 85, schwarz-rot-blau, Bz. Kneipe: Café
Tewele.
4. **Normannia.** 1. 6. 86., violett-weiss-schwarz, Bz.

III. Korporationen mit dem Prinzip der Mensur-
verwerfung.

a) Protestantische.

Wingolf. 19. 12. 41. (rekonstr. 4. 12. 56), schwarz-
weiss-gold. Ff. schwarz-weiss-schwarz. P. gold, schwarze
Sammtmützen, eigene Kneipe Bonnerthalweg 83.

b) Katholische.

1. **Unitas.** 1. 7. 53. (ak. s. 6. 11. 75.), blau-weiss-gold, Bz.
2. **Ripuaria.** 22. 4. 63. (ak. s. 13. 11. 75), blau-weiss-rot, Bz.
3. **Novesia.** 11. 11. 75., rot-weiss-rot, Ff. rot-weiss, P. silb., dunkelgrüne M.
4. **Alsatia.** S. S./S. 94, orange-weiss-moosgrün, Ff. orange-weiss, P. silber, orange M.
5. **Cheruscia.** (Altkatholisch). 22. 6. 82., hellgrün-weiss-hellblau. Band u. Bz. ohne M.

a. Im Cartellverband der katholisch-deutschen Studenten-Verbindungen.
Bavaria. 15. 11. 44. (rekonstr. 1861 u. 26. 5. 73.) dunkelblau-weiss-hellblau. Ff. dunkelblau-weiss, P. silb. Blaue St., eigene Kneipe Meckenheimerstr. 93.

β. Im Verband der katholischen Studentenvereine.
Arminia. 6. 11. 63., orange-weiss-blau, u. g.

IV. Verbände ohne Stellung zur Satisfaktionsfrage.

a) Ak. Gesangvereine im V. D. St. G. V.

Macaria. 18. 11. 78., blau-weiss-rot, Bz. u. Schl. Kneipe: Adtorf („Im Rheingold") Markt.

b) Im Kyfhäuserverband.

Verein Deutscher Studenten V. D. St. 20. 6. 82. (rekonstr. 15. 5. 86.), eigene Kneipe Quantiusstr. 18.

V. Übrige Korporationen.

a) Musikalische, Turn- und Sport-Vereine.

1. **Bardia** (ak. Liedertafel), 29. 7. 90., grün-weiss-rot.
2. **Rhenus** (ak. Ruderklub), 30. 4. 90., blau-weiss-rot.
3. **Suevia** (ak. Gesangverein) s. 94, schwarz-gold-violett.
4. **Caïssa** (ak. Schachklub) s. S.-S. 94, schwarz-weiss-grün.

b) Wissenschaftliche und Fachvereine.

1. **Historischer V.** 24, 1. 70., violett-weiss-gold.
2. **Ak. Juristen-V.** 1. 2. 71., gold-rot-gold, eigene Kneipe, Wachsbleiche 4.

3. **Klass.-philolog. V.** 24. 11. 77.
4. **Ak. neuphilolog. V.** 15. 11. 82. (rekonstr. 5. 5. 91).
5. **Ev.-theol. V.** 10. 11. 49., violett-weiss-violett.
6. **Medic.-naturw. V.** 10. 5. 73., violett-rot-gold.
7. **Ak. germanist. V.** 11. 12. 62.
8. **Theol. Stud. V.** 29. 11. 83.
9. **Ak. Stenogr. V.** Gabelsberg. 14. 7. 90.

c) Politische und Wohlthätigkeitsvereine.

1. **St. Bonifacius-V.** 13. 2. 68.
2. **Gustav-Adolf-V.** 4. 2. 62.
3. **St. Michels-V.** 19. 11. 61.
4. **Student. Missions-V.** 1. 6. 70.
5. **Ak. Ortsgruppe des deutsch. Schul-V.**

Abkürzungen: Ak. akademisch. — A. T. V. ak. Turn-Verein. —
Bz. Bierzipfel. — Fm. Fuchsmütze. — Ff. Fuchs-
farbe. — n. g. nicht getragen. — P. Perkussion. —
St. Stürmer. — u. S. unbedingte Satisfaktion. —
s. seit. — rekonstr. rekonstruiert. — Schl. Schleife.

Sehenswürdigkeiten.

Akademisches Kunstmuseum im Hofgarten. Geöffnet Montags, Mittwochs und Freitags von 2—4 Uhr Nachmittags.
Für Fremde auch an anderen Tagen und Stunden. Man
wende sich an den Museums-Diener (im Mittelgebäude
von der Seite der Coblenzerstrasse).

Arndt-Denkmal von Afinger, errichtet 1865 auf dem **Alten
Zoll**, vom Coblenzerthor aus und vom Rheinufer über
die Rampe am Ober-Bergamts-Gebäude vorbei zu er-
reichen.

Aula im Universitätsgebäude mit den 4 Fresken, die
Theologie, die Jurisprudenz, die Medicin und die Philosophie darstellend. Man wende sich an den Kastellan
des Universitätsgebäudes.

Beethoven-Denkmal von Hähnel, errichtet 1845 auf dem
Münsterplatz.

Beethoven's Geburtshaus, Bonngasse 20. Wiederherge-
stellt durch den Verein „Beethoven-Haus" in den
Jahren 1890/91. Das wohlerhaltene Geburtszimmer
des Meisters befindet sich in dem hofwärts belegenen
Nebenhause. Das Haupthaus ist zu einen Museum
eingerichtet, welches zahlreiche Bildnisse Beethoven's,
sowie Beethoven-Reliquien enthält; darunter der Flügel
Beethoven's, die Streichinstrumente des Meisters, das
Portrait der „Unsterblichen Geliebten" (Gräfin Therese
Brunswick), die Hörinstrumente Beethoven's aus der
Zeit der beginnenden Taubheit des Meisters, Manu-
scripte u. s. w. u. s. w.

Das Geburtshaus Beethoven's und das Beethoven-
Museum sind zur Besichtigung täglich von 9 Uhr Morgens
bis 1 Uhr Nachmittags und von 3 Uhr Nachmittags bis
6 Uhr Abends geöffnet. Eintrittspreis für Nichtmitglieder
Sonntags und Mittwochs 0,50 Mk., an anderen Tagen
1 Mk. für die Person. Mitglieder des Vereins haben
f r e i e n Eintritt.

Botanischer Garten am Poppelsdorfer Schloss. Geöffnet
Montags, Mittwochs und Freitags von 2 Uhr Nachmittags
bis zur eintretenden Dunkelheit längstens aber bis 8 Uhr
Abends. Die Gewächshäuser daselbst sind Mittwochs zu
denselben Stunden geöffnet. Für Fremde auch an andern
Tagen und Stunden; man wende sich an den Garten-
Inspector, Meckenheimerstrasse 160, gegenüber dem Bo-
tanischen Garten.

Brunnensäule (Fontäne) auf dem **Markt,** laut der lateinischen Inschrift im Jahre 1777 von der Bonner Bürger-
schaft dem vorletzten Kurfürsten von Köln errichtet für
die eifrige Verteidigung der Rechte des Erzbistums, die
Fürsorge bei drohender Hungersnot, die Erbauung eines
Krankenhauses und die Gründung der Akademie.

Cabinet für neuere Kunst im Universitätsgebäude.. Geöffnet Samstag von 11—1 Uhr. Die Benutzung der
Kupferstich-Sammlung wird auf persönliche Vorstellung
bei dem Director gestattet.

**Die Doppelkirche zum hl. Clemens in Schwarz-Rhein-
dorf,** auf einer Anhöhe gelegen, seit dem 23. Novem-
ber 1868 Pfarrkirche, war ehedem Stiftskirche adeliger
Damen. Dieselbe wurde von dem erwählten Kölner

Erzbischof und Reichskanzler Arnold II. Grafen von Wied,
im romanisch-byzatinischen Stil auf seinem Erbgut erbaut, und am 8. Mai 1151 von den Bischöfen Albert
von Meissen, Otto von Freisingen und Heinrich von
Lüttich in Gegenwart des Kaisers Conrad III. und vieler
Adeligen consecrirt, wie dies noch ein Inschriftstein hinter
dem Altar der Unterkirche angibt. Der Erbauer starb
am 14. Mai 1156 und hat in der Unterkirche seine Ruhe-
stätte gefunden. In der Unter- und Oberkirche befinden
sich sehenswerte antike Wandgemälde und umgibt das
Kirchengelände eine Zwerggallerie mit prachtvollen
Säulchen, von der aus die Besucher eine herrliche und
lohnende Fernsicht geniessen. Den die Kirche besuchen-
den Fremden steht der Küster als Führer zu Diensten.

Kirche und Gruft auf dem **Kreuzberge** bei Poppelsdorf.
Geöffnet täglich gegen ein Eintrittsgeld. Sehenswerth
wegen der heiligen Treppe aus italienischem Marmor,
gebaut unter Kurfürst Clemens August († 1761), in der
Kapelle hinter dem Altar. Sie hat 28 Stufen, die nur
mit den Knieen berührt werden dürfen, eine Nachahmung
der Scala santa beim Lateran zu Rom, die von jenen
28 Marmorstufen erbaut sein soll, welche zur Vorhalle
des Praetoriums in Jerusalem hinaufführten und vom
Heiland erstiegen wurden, als er vor Pilatus erschien.
In der Mitte der Kirche führt eine Treppe zu einer
wenige Stufen tiefen Gruft hinab, in der circa 25 in
dem Thonboden mumienartig ausgetrocknete Leichen
von Mönchen aus dem vorigen sowie zu Anfang dieses
Jahrhunderts, jetzt in Särgen aufgestellt, sich befinden.

Kirchhof (alter) an der **Bornheimer-** und **Endenicherstr.**
Daselbst die Kirchhofskapelle, das Kriegerdenkmal, der
monumentale Brunnen, die Denkmäler v. Rob. Schumann,
Ries, Frau Schiller, A. W. von Schlegel, Gebrüder Bois-
serée, Argelander, von Bunsen, Busch, Nasse, Niebuhr,
Nöggerath, Langenbach, Endemann etc. etc. Arndt's
Grab.

Münsterkirche (Krypta, Kreuzgang. Statue der heil. Helena;
vor der Kirche die steinerne Gerichtssäule).

Naturhistorisches Museum im **Poppelsdorfer Schloss.** Geöffnet Sonntags von 11—1 Uhr Vormittags und Mittwochs von 2—4 Uhr Nachmittags. An anderen Tagen

ist diese Sammlung im Sommer von 9—1 Uhr, im
Winter von 10—1 Uhr gegen Karten im Preise von
30. Pfg. zugänglich, welche auf dem Curatorial-Bureau
in Bonn und bei dem Pförtner des Poppelsdorfer-Schlosses
zu haben sind.

Paläontologisches Museum im Universitätsgebäude. Geöffnet Mittwochs von 11—12 Uhr Vormittags.

Rheinisches Provinzial-Museum, Colmantstrasse 8. Geöffnet Sonntags und Mittwochs von 11—1 Uhr. An den
andern Tagen, ausgenommen Montags, ist das Museum
zugänglich Morgens von 11—1 Uhr gegen ein Eintrittsgeld von 50 Pfg., Nachmittags von 2—4 Uhr im Winter
und von 2—6 Uhr im Sommer gegen ein Eintrittsgeld
von 75 Pfg.

Städtisches Museum „Villa Obernier" Coblenzerstr. 9 vor
dem Grand Hôtel Royal. Geöffnet täglich von 8 Uhr
Vormittags bis 8 Uhr Abends. Eintrittsgeld à Person
50 Pfg., Kinder unter 10 Jahren zahlen die Hälfte. An
Sonn- und Feiertagen, sowie Mittwochs freier Eintritt
von 11—1 Uhr Mittags und von 2—4 Uhr Nachmittags.

Wohnungen.

Ein Verzeichnis von leerstehenden Studentenwohnungen
ist bei dem Herrn Oberpedell und Kastellan Laqua einzu-
sehen; die Stuben werden auf ein ganzes Semester gemietet
und monatlich postnumerando bezahlt. 1 Stube pro Monat
15—20 Mk., für 1 Stube mit Cabinet 20—40 Mk. Bedienung
vom Wirth monatlich 1,50—2 Mk. vom Stiefelfuchs 3 Mk.;
Morgenkaffee 7,50—9 Mk.; Heizung $\frac{1}{2}$ Tag 25 Pfg., für
den ganzen Tag 40 Pfg. Wohnung mit vollst. Beköstigung
60—110 Mk.

Gasthöfe, Restaurants und Cafés.

Gasthöfe I. Rangs: *Grand Hôtel Royal*, Coblenzerstrasse 11; *Hôtel goldener Stern*, am Markt, altrenommirtes
Haus; *Hôtel Kley*, Coblenzerstr. 1.

Gasthöfe II. Rangs: *Hôtel Rheineck* am Rhein; *Hôtel und Pension du Nord,* Quantiusstr. 1. *Hôtel-Restaurant: Hamburger Hof, Kronprinz, Schmitz,* am Bahnhof, *Dissmann* (Inhaber Pflaumer) mit Weinstube am Rhein, gute und preiswerthe Mittagstische. Ferner *Hôtel-Restaurant Brenner* ebenfalls am Bahnhof; *Hôtel zum Schwanen,* Sternstrasse 54, bürgerlich und gut.

Restaurants: *„Im Hühnchen"* Dreieck, *Kaiserhalle* am Kaiserplatz mit Garten, in beiden gutes Münchener Bier; ebenfalls von Studenten viel besucht: *Husemann* Remigiusstrasse, vorzügliches Pilsener, *„Zum Vater Arndt"* am Rhein, *Tuschmann* (früher Grube) Mauspfad, *„Auf dem Schänzchen"* am Rhein unterhalb der Stadt mit Garten und schöner Aussicht, *„Rheingold"* am Markt, *Adtorf* am Münsterplatz, *„Zum Bären"* Aacherstr. 1.

Cafés: *Tewele* am Bahnhof, elegantes Wiener Caféhaus, *Café Kley,* Coblenzerstr. 1, schöner Garten mit Glasveranda am Rhein, *Conditorei Scharrenbroich* am Markt, *Café Bauer,* Wenzelgasse.

Weinhäuser: *Perrin,* Austernsalon, Wenzelgasse 50, *Badenheuer* Münsterplatz 18, gute Weine, einfach, *Viehöfer* Hundsgasse 23, *M. Clouth,* Sandkaule 13.

Tarif für die Dienstmänner.

A. Für bestimmte Gänge und Bestellungen jeder Art, mit oder ohne Geräthschaften, im Stadtgebiete mit Ausschluss der Ortschaften Graf-Rheindorf und Dransdorf. M. Pf.

1. Ohne Gepäck oder mit Lasten bis 5 kg Gewicht — 30
2. Mit Lasten von 5 bis 25 kg . . . . — 40
3. „   „   „ 25 bis 50 kg . . . . — 60
4. Bei Lasten von mehr als 50 kg Gewicht sind für jede weitere 25 kg ausserdem zu zahlen . . . . — 20
5. Verlangt der Auftraggeber eine Rückantwort, so ist solche zu überbringen für . . . . — 15
6. Die auf vorherige Bestellung an einem bestimmten Orte erschienenen Dienstmänner sind verpflichtet, 5 Minuten unentgeltlich auf die Aufträge etc. zu

warten, bei längerem Warten ist zu zahlen für jede M. Pf.
15 Minuten . . . . — 10
Für alle Ortschaften ausserhalb des ad A erwähnten Stadtgebietes gelten die Sätze ad B.

B. Für Bestellungen oder Gänge auf Zeit für jede Stunde:

1. Mit Geräthschaften . . . . — 60
2. Ohne „ . . . . — 40

C. Für ganze Tage zu zwölf und halbe Tage zu sechs Stunden als Arbeiter und Begleiter:

1. Mit Geräthschaften 3 Mk. resp. 1,50 Mk.
2. Ohne „ 2,50 Mk. resp. 1,30 Mk.

D. Zum Einbringen von Kohlen und Holz in die Keller, zum Eishacken und Schneeschaufeln:

1. Mit Geräthschaften pro Stunde . . . . — 60
2. Ohne „ „ „ . . . . — 50

E. Transporte von den Droschken etc. am Bahnhofe in das Gepäckbureau und umgekehrt:

1. Für jeden Koffer oder Kiste . . . . — 10
2. Für jedes Stück mehr . . . . — 5
3. Für kleinere Gegenstände zusammen . . . . . — 10

Anmerkungen.

1. Diese Tarifsätze finden Anwendung in der Zeit vom 1. April bis Ende September von Morgens 6 bis Abends 9 Uhr; vom 1. October bis Ende März von Morgens 7 bis Abends 8 Uhr.
2. Für Dienstleistungen, welche nach vorstehenden Zeiten, also nach 9 resp. 8 Uhr Abends beginnen, oder während der Nachtzeit, ist die Hälfte der Tarifsätze mehr zu entrichten.
3. Bei Erteilung von Aufträgen sind die Dienstleute verpflichtet bis zu 5 Minuten unentgeltlich zu warten.
4. Bei Beschäftigung auf Zeit wird mindestens eine volle Stunde berechnet; die über volle Stunden hinausdauernde Beschäftigung ist bis zu einer halben Stunde mit der Hälfte, darüber hinaus mit dem vollen Stundensatz zu vergüten.

4

Droschken-Tarif.

I. Für eine Fahrt, ein- oder zweispännig, von einem Punkte nach einem anderen innerhalb des Stadtbezirks Bonn, sowie aus diesem Stadtbezirk nach Punkten in den Gemeinden Kessenich, Poppelsdorf und Endenich innerhalb der durch den Reuterweg, die Friedrichstrasse, die Nussbaum-Allee und von da ab die Endenicher Allee bis zur Bonner Grenze beschriebene Linie und einschliesslich jener Strassenstrecken von Morgens 7 bis 10 Uhr Abends 1 oder 2 Personen 70 Pfg., jede Person mehr 25 Pfg. Wird bei Fahrten im Bezirk I der Wagen an's Haus bestellt, ausserdem incl. Wartegeld für 10 Minuten 20 Pfg., wofür der Besteller frei mitzunehmen ist. Für Fahrten im Bezirk I, welche nach 10 Uhr Abends oder vor 7 Uhr Morgens beginnen, ist das Doppelte der vorstehenden Sätze zu zahlen.

II. Für eine Fahrt aus dem Bezirk I nach den umliegenden Ortschaften (1 oder 2 Personen) und zwar nach:

Godesberg . .	einspännig	Mk. 3,—	zweispännig	Mk.	4.—
hin und zurück	„	„ 4.50	„	„	6.—
Plittersdorf . .	„	„ 3.—	„	„	4.—
hin und zurück	„	„ 4.50	„	„	6.—
Mehlem . . .	„	„ 4.—	„	„	5.—
hin und zurück	„	„ 6.—	„	„	7.50
Kessenich . .	„	„ 1.25	„	„	1 50
hin und zurück	„	„ 1.90	„	„	2.25
Endenich . .	„	„ 1.25	„	„	1.50
hin und zurück	„	„ 1.90	„	„	2.25
Friedhof, neuer	„	„ 1.50	„	„	2.—
hin und zurück	„	„ 2.25	„	„	3.—
Hersel . . .	„	„ 2.50	„	„	3.—
hin und zurück	„	„ 3.85	„	„	4.50

III. **Zeitfahrten.** *Ein- oder zweispännig. Eine bis vier Personen.* Für jede halbe Stunde und den angebrochenen Teil derselben 1.50 Mk.

Zusatz-Bestimmungen zu I und III. Der Kutscher hat den Fahrgast beim Einsteigen zu fragen, ob er nach der Tour oder nach der Zeit fahren will, und im letzteren Falle, sowie nach Beendigung der Zeitfahrt ihm seine Uhr vorzuweisen, widrigenfalls bei Streitigkeiten dem Fahrgast unbedingt geglaubt wird. — Fahrten nach Ortschaften ad II nach dem Tarif für **Zeitfahrten** auszuführen, dazu ist der Kutscher verpflichtet.

IV. Kinder. In Begleitung von Erwachsenen sind Kinder unter drei Jahren frei; Kinder über 3 Jahren und unter 10 Jahren zahlen die Hälfte der vorstehend festgesetzten Fahrpreise.

V. Gepäck. *Bei Tag und Nacht*: Im Bezirk I: Handkoffer 10 Pfg., grössere Koffer 20 Pfg. Nach Ortschaften ad II: Handkoffer 15 Pfg., grössere Koffer 30 Pfg. Kleine Reise-Effecten, als Reisetaschen, Hutschachteln und dergleichen sind frei.

VI. Trinkgelder. Trinkgelder dürfen nicht gefordert werden. § 17 des Reglements.

VII. Nachfahrten. Die Verpflichtung zur Ausführung von Nachfahrten beschränkt sich auf den Bezirk I; der Fahrpreis für dieselben ist ad I am Schluss festgesetzt.

VIII. Tarifstreitigkeiten. Über Tarifstreitigkeiten zwischen Fahrgästen entscheidet vorläufig die Polizei-Behörde.

Ausflüge.

Als Zielpunkte für kleinere (1—2$\frac{1}{2}$ stündige) Spaziergänge sind vor allem der **Kreuzberg** mit der interessanten Wallfahrtskirche und der **Venusberg** (eigentlich „Vennsberg") besonders mit dem Wege durch das liebliche Melbthal sehr geeignet.

Für grössere Nachmittagstouren empfehlen wir den Weg über den Venusberg und die sich daran schliessenden Höhenzüge nach Godesberg: ein bequemer und an schönen Aussichtspunkten reicher Weg. Beliebtes Bierlokal in Godesberg „Gasthof zum Godesberg" (Geschw. Schumacher, als „Ännchen" allgemein bekannt). „Zum Adler" (nur Wein), besitzt in seinen gemütlichen Gasträumen eine interessante Sammlung von Autographen, Raritäten und Antiquitäten. Im „Kurpark" Sonntags Militär-Concert, Entrée 50 Pfg. Nicht weit von Godesberg am Rhein liegen die Orte Plittersdorf und Rüngsdorf mit schönen Gartenlokalen.

In Plittersdorf neu erbaut „Schaumburger Hof" am Rhein *mit* grossem Garten. In Rüngsdorf gern besucht „Kaiser-

krone.“ ; „Restaurant Dreesen“ mit grosser Glashalle und Garten
unmittelbar am Rhein. Wöchentlich einmal Nachmittags Concert, Entrée 50 Pfg.

.   Ganz besondere Gelegenheit zu abwechslungsreichen Ausflügen bietet das vielbesuchte, sagenumwobene **Siebengebirge** *). Günstige Fahrgelegenheiten mit Dampfer, Dampf-
strassenbahn und Eisenbahn dorthin. Im Sommer am belieb-
testen die Dampferfahrten (Fahrpläne sind an der Dampfer-
haltestelle gratis zu erhalten) bis Königswinter. Von dort
aus für Nachmittagstouren vor allem zu empfehlen: der Dra-
chenfels, Petersberg, Klosterruine Heisterbach, ferner der
Ölberg und die Löwenburg, letztere jedoch bequemer in Ta-
gestouren zu besuchen. Überall gute Wirtschaften.

Das vollständigste und schönste Gesammtbild des Sieben-
gebirges geniesst man von Rolandseck, wo sich besonders von
der Bahnhofsterrasse aus ein Landschaftsbild bietet, das zu
den herrlichsten der Erde gerechnet werden kann. Auf der
vielbesuchten Bahnhofsterasse gute Wirtschaft, Sonntags und
Donnerstags Nachmittag Concert, Entrée 50 Pfg. In der
nächsten Umgebung von Rolandseck lohnende Spaziergänge
zum Tempelchen, Rolandsbogen und dem ursprünglich vulkanischen Rodderberg, der eine herrliche Aussicht auf das
Siebengebirge und das Rheinthal auf der einen Seite und die
Rheinebene bis nach Köln gewährt.

*   *   *

Wir erlauben uns an dieser Stelle auf den „Führer von
Bonn und Umgebung“ mit 2 Farbenkarten (Preis 1 M.) auf-
merksam zu machen, der auch die weitere Umgebung: Brühl,
Andernach, das Ahrthal und die Eifel behandelt. Stets vor-
räthig in der Buchhandlung von Friedr. Cohen, Am Hof 22.

Allgemeine Notizen.

Garnison: Husaren - Regiment König Wilhelm (I. Rhein.)
Nr. 7, Commandeur Oberst *von Winterfeld*, Colmant-

---

*) Ausführlicheres darüber im „Führer durch das Sieben-
gebirge“, 30 Pfg., der in der Buchhandlung von Friedr.
Cohen, Am Hof 22, stets vorrätig ist.

strasse 1 b. Bürean: Viehmarkt 5. 2. Bataillon des Infanterie-Regiments v. Goeben (2. Rhein.) Nr. 28. Commandeur Major *Kretschmer*, Mozartstr. 46.

Bezirks-Commando und Haupt-Meldeamt: Johanniskreuz 6. Dienststunden von 8—12 Uhr Vormittags und von 3 bis 6 Uhr Nachmittags (ausser Sonntags). Bezirks-Commandeur: Major *von Festenberg-Packisch*.

Landratsamt: (Landkreis Bonn) Mozartstrasse 10. Bürreaustunden an den Wochentagen: Morgens von 9—12 Uhr und Nachmittags von 4—6 Uhr. Landrat Dr. *v. Sandt*.

Bürgermeisteramt: (Stadtkreis Bonn) Ober - Bürgermeister *Spiritus*, Coblenzerstrasse 125. Sprechstunden im Rathhaus Zimmer Nr. 7 von 10—12 Uhr.

Polizeiamt: Neugasse 22. Polizei-Inspektor: Polizeirat *Bornheim*. Breitestrasse 57.

Meldeamt: Neugasse 22. Hintergebäude. Polizei-Sekretär *Bachmann*; geöffnet von Morgens 9—12^1/$_4$ Uhr, Nachmittags von 3—5 Uhr.

Anzeigen

empfehlenswerter Firmen.

Verlag von August Hirschwald in Berlin.

Binz, Geh. Med.-Rath Prof. Dr. C., **Grundzüge der Arzneimittellehre.** Ein klinisches Lehrbuch. Zwölfte, gemäss den neuesten Zusätzen und Verbesserungen des Deutschen Arzneibuches bearbeitete und durch eine Verordnungslehre vermehrte Auflage. gr.8. 1894. 5 *M.*

— — **Vorlesungen über Pharmakologie** für Aerzte und Studirende. Zweite gänzlich umgearbeitete Auflage. gr.8. 1891. 16 *M.*

Encyklopaedie der Therapie, herausgegeben von Geh. Med.-Rath Prof. Dr. O. *Liebreich* unter Mitwirkung von Dr. *M. Mendelsohn* und Dr. *A. Würzburg.* In drei Bänden. gr.8. I. Band. 1. u. 2. Abth. 1895/96 à 8 *M.*

Ewald, Prof. Dr. C. A., **Handbuch der allgemeinen u. speciellen Arzneiverordnungslehre.** Auf Grundlage des Arzneibuchs für das Deutsche Reich, III. Ausgabe und der fremden neuesten Pharmacopoeen bearbeitet. Zwölfte vermehrte Auflage. gr.8. 1892. 18 *M.*

Henoch, Geh. Rath Prof. Dr. E., **Vorlesungen über Kinderkrankheiten.** Ein Handbuch für Aerzte und Studirende. **Achte Auflage.** gr.8. 1895. 17 *M.*

Hermann, Prof. Dr. L., **Lehrbuch der Physiologie.** Elfte Auflage. gr.8. Mit 165 Holzschn. 1896. 14 *M.*

Israel, Prof. Dr. O., **Practicum der pathologischen Histologie.** Leitfaden für Studirende und Aerzte. gr. 8. Zweite verm. Auflage. Mit 158 Abbildungen im Texte und 7 Tafeln. 1893. 15 *M.*

Klemperer, Privatdocent Dr. *Felix* und Privatdocent Dr. *E. Levy.* **Grundriss der klinischen Bakteriologie** für Aerzte und Studirende. gr. 8. 1895. 8 *M.*

König, Geh. Rath Prof. Dr. *Fr.*, **Lehrbuch der speciellen Chirurgie.** Für Aerzte und Studirende. Sechste Auflage. In drei Bänden. gr. 8. 1893/94. 43 *M.*

Leo, Prof. Dr. *H.*, **Diagnostik der Krankheiten der Bauchorgane.** gr.8. Zweite verm. Auflage. Mit 45 Abbildungen. 1895. 11 *M.*

Nothnagel, Prof. Dr. *H.* und Prof. Dr. *J. M. Rossbach*, **Handbuch der Arzneimittellehre.** Siebente Auflage. gr. 8. 1894. 18 *M.*

Posner, Prof. Dr.*Carl.* **Diagnostik der Harnkrankheiten.** Vorlesungen zur Einführung in die Pathologie der Harnwege. gr. 8. Mit 42 Abbildungen und einem symptomatologischen Anhang. 1894. 4 *M.*

— — **Therapie der Harnkrankheiten.** Vorlesungen für Aerzte und Studirende. 8. Mit 11 Abbildungen im Text und einem Anhang von Receptformeln. 1895. 4 *M.*

Salkowski, Prof. Dr. *E.* **Practicum der physiologischen und pathologischen Chemie** nebst einer Anleitung zur anorganischen Analyse für Mediciner. gr. 8. Mit Abbildungen im Text und einer Spectraltafel. 1893. Gebunden 8 *M.*

Schimmelbusch, Dr. C., **Anleitung zur aseptischen Wundbehandlung.** Mit einem Vorwort des Herrn Geheimrath Prof. Dr. E. v. Bergmann. 8. Zweite Auflage. Mit 36 Fig. 1893. 4 *M.*

Schweigger, Geh. Med.-Rath Prof. Dr. C., **Handbuch der Augenheilkunde.** Sechste verbesserte Aufl. gr.8. Mit 30 Holzschn. 1893. 12 *M.*

Vossius, Prof. Dr. *Ad.*, **Leitfaden zum Gebrauch des Augenspiegels** für Studirende und Aerzte. gr.8. Dritte vermehrte Auflage. Mit 63 Holzschnitten. 1893. 3,60 *M.*